U0570616

中华复兴之光
深厚文化底蕴

趣味游戏曲艺

杨宏伟 主编

汕頭大學出版社

图书在版编目（CIP）数据

趣味游戏曲艺 / 杨宏伟主编. —— 汕头 ： 汕头大学
出版社，2016.1（2023.8重印）
（深厚文化底蕴）
ISBN 978-7-5658-2393-0

Ⅰ．①趣… Ⅱ．①杨… Ⅲ．①民族形式体育－游戏－
介绍－中国－古代 Ⅳ．①G852.9

中国版本图书馆CIP数据核字(2016)第015376号

趣味游戏曲艺　　　　QUWEI YOUXI QUYI

主　　编：杨宏伟
责任编辑：任　维
责任技编：黄东生
封面设计：大华文苑
出版发行：汕头大学出版社
　　　　　广东省汕头市大学路243号汕头大学校园内　邮政编码：515063
电　　话：0754-82904613
印　　刷：三河市嵩川印刷有限公司
开　　本：690mm×960mm　1/16
印　　张：8
字　　数：98千字
版　　次：2016年1月第1版
印　　次：2023年8月第4次印刷
定　　价：39.80元
ISBN 978-7-5658-2393-0

前 言

　　党的十八大报告指出："把生态文明建设放在突出地位，融入经济建设、政治建设、文化建设、社会建设各方面和全过程，努力建设美丽中国，实现中华民族永续发展。"

　　可见，美丽中国，是环境之美、时代之美、生活之美、社会之美、百姓之美的总和。生态文明与美丽中国紧密相连，建设美丽中国，其核心就是要按照生态文明要求，通过生态、经济、政治、文化以及社会建设，实现生态良好、经济繁荣、政治和谐以及人民幸福。

　　悠久的中华文明历史，从来就蕴含着深刻的发展智慧，其中一个重要特征就是强调人与自然的和谐统一，就是把我们人类看作自然世界的和谐组成部分。在新的时期，我们提出尊重自然、顺应自然、保护自然，这是对中华文明的大力弘扬，我们要用勤劳智慧的双手建设美丽中国，实现我们民族永续发展的中国梦想。

　　因此，美丽中国不仅表现在江山如此多娇方面，更表现在丰富的大美文化内涵方面。中华大地孕育了中华文化，中华文化是中华大地之魂，二者完美地结合，铸就了真正的美丽中国。中华文化源远流长，滚滚黄河、滔滔长江，是最直接的源头。这两大文化浪涛经过千百年冲刷洗礼和不断交流、融合以及沉淀，最终形成了求同存异、兼收并蓄的最辉煌最灿烂的中华文明。

五千年来，薪火相传，一脉相承，伟大的中华文化是世界上唯一绵延不绝而从没中断的古老文化，并始终充满了生机与活力，其根本的原因在于具有强大的包容性和广博性，并充分展现了顽强的生命力和神奇的文化奇观。中华文化的力量，已经深深熔铸到我们的生命力、创造力和凝聚力中，是我们民族的基因。中华民族的精神，也已深深植根于绵延数千年的优秀文化传统之中，是我们的根和魂。

　　中国文化博大精深，是中华各族人民五千年来创造、传承下来的物质文明和精神文明的总和，其内容包罗万象，浩若星汉，具有很强文化纵深，蕴含丰富宝藏。传承和弘扬优秀民族文化传统，保护民族文化遗产，建设更加优秀的新的中华文化，这是建设美丽中国的根本。

　　总之，要建设美丽的中国，实现中华文化伟大复兴，首先要站在传统文化前沿，薪火相传，一脉相承，宏扬和发展五千年来优秀的、光明的、先进的、科学的、文明的和自豪的文化，融合古今中外一切文化精华，构建具有中国特色的现代民族文化，向世界和未来展示中华民族的文化力量、文化价值与文化风采，让美丽中国更加辉煌出彩。

　　为此，在有关部门和专家指导下，我们收集整理了大量古今资料和最新研究成果，特别编撰了本套大型丛书。主要包括万里锦绣河山、悠久文明历史、独特地域风采、深厚建筑古蕴、名胜古迹奇观、珍贵物宝天华、博大精深汉语、千秋辉煌美术、绝美歌舞戏剧、淳朴民风习俗等，充分显示了美丽中国的中华民族厚重文化底蕴和强大民族凝聚力，具有极强系统性、广博性和规模性。

　　本套丛书唯美展现，美不胜收，语言通俗，图文并茂，形象直观，古风古雅，具有很强可读性、欣赏性和知识性，能够让广大读者全面感受到美丽中国丰富内涵的方方面面，能够增强民族自尊心和文化自豪感，并能很好继承和弘扬中华文化，创造未来中国特色的先进民族文化，引领中华民族走向伟大复兴，实现建设美丽中国的伟大梦想。

目 录

田猎活动

002　春秋战国时田猎的礼法

010　汉魏田猎的特殊作用

018　唐代帝王对田猎的偏爱

025　元代田猎时训练军队

035　清代海东青和木兰围场

投壶游戏

048　从商周射礼到春秋投壶

060　战国盛行的投壶礼法

074　汉代投壶的改进与发展

083　魏晋时期投壶道教化过程

096　唐宋后投壶的起起落落

击壤运动

舜田间击壤而被尧帝发现　114

击壤的历代发展与演变　119

田猎活动

　　田猎作为中华民族原始的活动之一，不仅历史悠久，而且文化底蕴深厚。古代田猎不仅是一项具有军事意义的生产活动，同时也是具有祭祀性质的活动。

　　田猎的作用广泛：一是为田地除害，保护农作物不受禽兽糟蹋；二是供给宗庙祭祀；三是皇帝为了驱驰车马，进行军事训练。最后，田猎所获野味都用于宴飨宾客。

　　田猎有一定礼规，不按礼法狩猎是违法的。礼法规定，田猎不捕幼兽，不采鸟卵，不杀有孕之兽，不伤未长成的小兽，不破坏鸟巢等。这些礼法对于保护野生动物资源、维护自然生态平衡是有积极意义的。

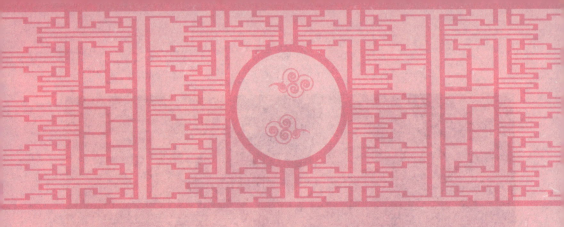

春秋战国时田猎的礼法

古代男人们通过打猎体现自己的阳刚之气，他们借助打猎强身健体，练熟了弓马骑射，希望做个将帅之才。这在我国最早的诗歌总集《诗经》中就有记载，在《诗经·郑风》中的《叔于田》一诗这样写道：

……

叔于狩，巷无饮酒。

岂无饮酒？不如叔

也。

洵美且好。

叔适野，巷无服马。

岂无服马？不如叔

也。

洵美且武。

诗中的这个叔，其实就是春秋时期一个年纪轻轻、帅气十足的青年。这位青年的本事高强，又温和谦逊，周围的人那没法子和他比，他一出去打猎，巷子中所有少女的眼光都集中在他身上，至于其他人，全都被少女们忽视了，所以在女孩子眼中，那便是"巷无居人"了，这充分体现出了猎人的阳刚之美。

而《诗经·郑风》中的《大叔于田》一诗中又写道：

......

叔在薮，火烈具扬。

叔善射忌，又良御忌。

抑磬控忌，抑纵送忌。

叔于田，乘乘鸨。

两服齐首，两骖如手。

叔在薮，火烈具阜。

叔马慢忌，叔发罕忌。

抑释掤忌，抑鬯弓忌。

显然，这一篇写的还是春秋时期的那个叫叔的青年，主要描写他在打猎的时候，展示他驾车和善射等多项技能。尤其是在描写他驾驶战车的时候，"执辔如组，两骖如舞"等体现了他驾驭水平的高超。

狩猎活动，在我国春秋时期就已经被称为"田猎"了，也称作"畋猎"或者"佃猎"。古代在表示打猎、耕种的时候，

"田""畋""佃"3个字是通用的。

而田是个象形字，一看就是表示田地、土地的字，但为什么打猎也可以称为田呢？

据战国时期齐国著名学者公羊高所著的《春秋公羊传·桓公四年》中说：古人以肉为主食，穿动物的皮毛，狩猎就像种田一样，所以管打猎叫作"田"。

这种说法似乎有点牵强，而东汉时期群儒们合编的《白虎通》中却说，因为田猎一年四季都有，每个季节都需要驱除田里的野兽，这是为田除害的意思。

而在春秋战国时期，国家间经常会有战争发生，一个国家的军事实力往往决定这个国家的存亡与否。所以，每个国家都把军事放在重要位置。

而田猎就是训练军队、检查战备最好的手段，这一点可以从《周礼·夏官大司马》里面看出来。

其实在春秋战国时，田猎就是一次模拟的实战演习。西汉著名史学家司马迁在他的著作《史记·魏公子列传》中，就记载了这样一个情节。

有一天，魏公子与魏王下棋时，有侍卫突然报告说北方边境告急，赵国大军正在侵犯边境。魏王很是慌乱，站起身准备去找大臣们商议对策。

魏公子马上说："父王，不要慌张，这不过是赵王在田猎而已。"可是魏王仍然害怕，一连几天都安不下心来，每日忧心忡忡。

果然，没几天，侍卫又来报告说赵王确实是在田猎。

由此可见，春秋战国时期，诸侯田猎的动静着实不小。而在春秋战国的时候，战争的基本技能就是射箭、驾车和格斗等，这些在田猎活动中，都可以很好地体现出来。

同时，田猎活动还可以起到挑选优秀将领，储备战斗、指挥人才的作用。

还有，诸侯们在准备田猎的时候，通常都要把战车从城里行驶出远郊。这事因为他们要确保战争来临的时候，战车可以立即投入使用，而不会出现破损或者朽坏的情况。所以说，诸侯们每年的田猎活动，其实就是一次检验与检修战车的机会。

此外，在《左传·隐公五年》里面还提到田猎的另一个作用，那就是遵习礼仪，昭示贵贱，因为只有天子、诸侯以及士大夫们才有资格出去田猎，他们出行显示出了自己的尊贵身份，使得社会伦理和社会秩序得到一次公示。

可见，田猎在春秋战国时期，绝不仅仅是一项简单的娱乐休闲活动，而是具有非常重要的社会意义和军事价值。

但是，古人们为什么还有觉得封建帝王去田猎是一种腐败的表现呢？

这可能是由于春秋时期著名思想家老子的一句话所产生的影响，他说："驰骋田猎，会使人心发狂。"当然还有一些其他因素，比如春秋战国时期的远郊，渐渐都被开辟成田地了，而各种田猎活动会毁坏田苗，所以也有不少人反对田猎。

再比如，春秋战国时期军队都是藏军于民，所以需要田猎来时时检验和锻炼，但后来的军队已经成为长期性的武装力量，战士们天天锻炼，不再需要田猎这个活动专门检验了，于是田猎就变成了一种纯粹性的娱乐消遣。

最后还有一个最主要的原因，就是在封建社会早期军民不分时，帝王田猎，那就需要国家中很多农民参与田猎，尤其是在农忙期间，

这会造成耕种和收获的不及时，从而会导致粮食减产等严重后果。

而关于田猎到的猎物该如何分配呢？

在《礼记·王制》中提到了收获猎物的用途，一种是祭祀；一种是赠予宾客，最后一种为"充君之庖"，也就是留着自己吃。

在考古佐证方面，也有成都百花潭地区出土的一件战国铜壶，铜壶上精美的造型和极具想象力的图案令人惊叹，尤其是铜壶上刻的一幅田猎图，生动描绘出了战国王公贵族们田猎嬉戏的场景。

而在战国时期，只有王公贵族才能够使用铜器。成都出土的这件精美铜壶，无疑属于战国时期贵族的奢侈品。铜壶刻上田猎场景，也显示出成都贵族十分钟爱田猎这个游戏。

据说战国时，诸侯们外出田猎，必须由管理山泽林圃的官吏预先选择林木葱茏、有山有水之地。

东晋时期著名文学家常璩在他所著的《华阳国志》中记载：古蜀国鱼凫王朝的末代女国王，到湔山，即今都江堰一带田猎。按照蚕丛、鱼凫、杜宇分别对应夏、商、周的说法，可见早在殷商时期，西蜀也有颇具规模的田猎活动。

根据《礼记》记载，天子、诸侯在没有战争的情况下，每年都要组织3次田猎。此类田猎带有军事演习性质，使用器械与作战相同。但是，娱乐性田猎可随时随地举行，而"弋射"更是娱乐性田猎武器。

在成都出土的战国铜壶弋射场景中，有山、有水，有猎犬在阻挡鹿逃跑，还有被长矛刺中的猛兽，而被射猎的野鸭是由一根绳子绑起来的。这些猎物显然是一次田猎所捕获的，这便是战国时期田猎场景的真实再现。

最后，提到田猎，就必须要联系到野生动物。其实我国春秋战国

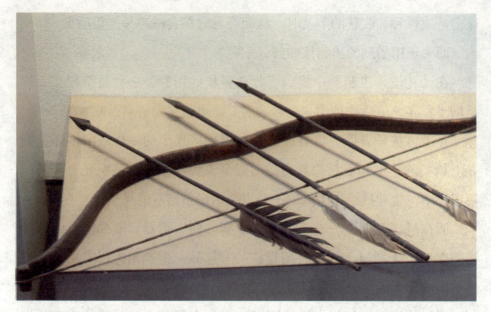

时期的君王诸侯们，他们在田猎的时候，也特别注意这些问题，这也就是所谓田猎的基本礼法。

在《左传·隐公五年》中还说：

> 如果打猎时碰到了鸟兽，如果它们的肉能够用作祭祀，它们的皮革、牙齿、骨头、角、毛发、羽毛有用，那么可以射杀。如果没什么用的话，就必须放过它，要饶它一条性命。

即便是有利用价值的动物名单中，那也不是遇到就可以随便杀害的。还有其他一些规定，《礼记·王制》记载：

> 田猎者不能捕猎的对象还包括幼小的动物、动物的卵和蛋、怀孕的动物，当然，也绝不能去肆意破坏动物的巢穴。

而在春秋战国时期，就是对田猎的时间、田猎的方式也是有严格限制的，那些限制和举措都已经考虑到了可持续发展，提醒人们不要竭泽而渔，也不能赶尽杀绝。

由此可见，古人对于田猎无疑是非常重视的，而对被田猎的对象，也是持有一种爱护和保护的心理。

如果田猎不讲规矩，那便是违背了儒家礼法。人们不能随心所欲，对动物一网打尽，而应是一种"适当利用"。也可以说，这些仁慈的举措和这种悲天悯人、爱惜生命的心理，都是很值得后人去学习的。

提起春秋战国时的田猎，还必须提到一种被称为"弋射"的田猎活动。所谓的"弋射"，就是发射带绳箭矢的射术，可用弩或弓作发射工具。那时候的弓箭制作大多比较简单，而弋射的弓箭制作却是既烦琐又考究。

西汉淮南王刘安在他所著的《淮南子》中说过：喜欢弋猎的人，要事先准备缴与矰。矰就是系着丝绳的箭，箭镞上有倒刺，以防猎物挣脱；箭铤中有孔槽，用于系丝绳，缴就是系在箭上的丝绳。

弋射还有一个重要的器械称作"磻"，最初是作为"缴"下端的坠石，用以避免中箭后的飞鸟将箭带走，后来改用木头做成，它的作用是缠绕丝绳。因为"弋射"有如此繁多的零件，所以它只在贵族中流行。

知识点滴

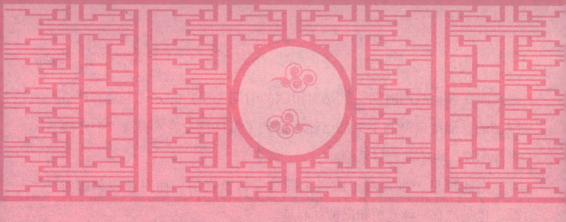

汉魏田猎的特殊作用

汉魏时期主要的田猎场所是河南南阳地区。南阳的田猎文化，也是我国传统田猎文化中的重要组成部分。在汉代的南阳，因为靠近洛阳大都，那里的田猎活动异常频繁。

我国东汉著名天文学家、文学家张衡在他所写的《南都赋》中，

就形象地记载了南阳人在东汉时的游猎活动，说道：

> 于是群士放逐，驰乎沙场。骒骥齐镳，黄间机张。足逸惊
> 飙，镞析毫芒。俯贯鲂鱮；仰落双鸫鱼不及窜，鸟不暇翔。尔
> 乃抚轻舟兮浮清池，乱北渚兮揭南涯。汰瀺灂兮船容裔，阳
> 侯浇兮掩凫鹥。追水豹兮鞭榱锹，惮夔龙兮怖蛟螭。

从这段文献中，可以看到当时南阳骑士们在田猎场中的相互竞
赛。他们骑着骏马飞驰在原野上，骑士们张弓射箭，追逐鸟兽，姿势
英勇而潇洒。

　　而在许都出土的汉代图画中，也有不少车骑出行、田猎骑射等活动的画面。

　　那些画面说明当时田猎的规模相当浩大，一辆辆轺车并排出行，前面有充当向导的骑手，后面有很多护从，他们英勇无比，驰骋在郊野中进行田猎，这些汉代画面生动地反映了汉代南阳人田猎生活的一个侧面。

　　在南阳出土的各种文献中，关于田猎活动的记载也有很多，田猎的名称也多种多样。比如"校猎""射猎""狩猎""蒐猎""狝猎""苗猎""羽猎"等，说明了汉魏时期的田猎活动，在南阳已经发展到很高的规模了。

　　其中，在汉魏时期的田猎活动中，人们借助弓矢猎取野兽称为"射猎"，也称"羽猎"。南阳汉画像中反映射猎的画面也很多，而人们借助马匹进行的田猎，则称为"骑射"。

　　南阳草店汉墓中有一幅建安年间的猎虎图，右边一个人骑马拉弦向一只猛虎射去，猛虎前面有一个猛士持矛斗虎。

　　而南阳长冢店汉墓的骑射图则更为惊险，画面刻出了3个骑手，左边两人骑马围射一只猛虎，其中一人骑马弯弓迎射，还有一人骑马手持长矛，右边一人骑马与一只野兽搏击。

　　在东汉末期，人们射猎时通常在箭上系上丝绳，这样使飞禽中箭后不能逃走，这种方法叫"弋射"，主要用于射猎飞禽。

　　后来，在南阳靳岗乡发现了一块汉画像石，画面上刻画了一只凌空飞翔的大雁，其中一只中箭下坠。下面刻了两个射手，前面一人跪姿持弓，他用系绳的箭射中了一只大雁，后面那人肩扛武器，这明显是一幅"弋射"画像。

渔猎也是汉魏时期南阳田猎活动的一种。后来在南阳英庄汉画像石墓发现有一幅渔猎图，画面上显示，在野兽出没的山脚下，一条小河流水淙淙，两人泛舟河心，他们在长虹似的桥上各持长杆，而连接两杆的长索便是渔网，说明了他们正在进行渔猎活动。

在东汉末年，魏王曹操的许都田猎具有非常丰富的意义。那是199年，曹操的一次打猎行为震惊了天下。这场打猎，被当时人们叫"许田打围"。

这次曹操的许田打围，是和汉献帝刘协一起进行的，因为有汉献帝在，这应该是一场再正常不过的田猎了。因为在古代，天子往往会在四季进行田猎，一则进行军事训练，一则检阅军队，并示武天下。

有汉献帝参加的田猎，它的作用不外乎如此两种。

　　但是，这场再普通不过的例行田猎行为，却被曹操赋予了另外的含义。那是199年，曹操已经取得了无可比拟的政治优势，他可以名正言顺地讨伐各路诸侯了。加上3年的屯田，让他经济实力大增。在军事上，他更是势如破竹，击破吕布，收降张绣，并逐渐有能力与强大的袁绍集团进行对抗。

　　此时的曹操正志得意满，他的谋士程昱提出趁他威名日盛时，可行王霸之事。曹操却看到了事情的另一面，当时朝廷重臣还有很多，他不能轻举妄动。

　　其实，他所担忧的是，支持汉献帝的还大有人在。所以，他需要通过"许田打围"来进行一场表演。这场表演，就是我国古代著名小说《三国演义》中著名的许田打猎。曹操是想通过打猎观察汉献帝对他的态度，对于曹操来说，许田围猎就是一场政治游戏，田猎之后，

喧闹一时的射鹿台又归于平静了。

汉献帝只有闷闷不乐地离开皇家猎场了。虽说许田是皇家猎场，但汉献帝也来不了几次，倒是丞相曹操想来就来，想走就走，享受了只有皇上才能享受到的风光，因此曹操逐渐受到了汉献帝的猜忌。

曹操许田围猎的故事，为许昌田猎漫长的历史画卷中抹上了浓重的一笔。后来，文人墨客们把这段故事演义成许昌十景之一的"许田积雪"。

这场著名的田猎活动，后来还有依稀的遗迹可见，还留存了当时的射鹿台。其实，许田距离许都，也不过三四十千米，从距离上来说，来这里狩猎，不算很远。曹操带人来这里围猎，完全是有可能的。应该说，许田打围这件事是实有其事的，并非无稽之谈。

而记录曹操许田围猎的唯一遗迹，便是许田的射鹿台了。古代重大的活动都有着严格的礼仪规定，田猎也不例外。田猎人员要按照一定的等级，到指定的地点集合，听从号令统一行动。

在这个集合的地方，自然要搭建高台，用以作为领导发号施令的场所。许田射鹿台虽然后来变成了一片田野和一座土台，可是有了田猎文化，还有这许多历史人物，就有了许多让人体会的韵味了。

发展至汉魏时期，田猎已经是一项具有军事意义的活动了，并与祭祀有关。

在史籍中，多次记载汉魏时期历代君王田猎的事，他们大都是以田猎作为游嬉玩乐的方式，可见田猎既有礼仪性质，又有娱乐性质，因此受到汉魏帝王贵族们的喜爱。同时，帝王们还借助这种活动，实现其它政治目的，因此田猎在汉魏时期，也具有特别的意义。

在河南省南阳汉画像石刻中，关于田猎活动和反映田猎的画刻很多，其中更有不少是人们借助猎犬捕兽的图像。

例如，南阳出土的英庄汉画像《石墓围猎图》，画像中间有一座大山，山峰数重。山下一个骑手扬鞭催马驰骋郊野，前面有两只猎犬飞身追捕鹿群，还有一人举着大网去阻挡鹿群，这画像生动体现出了汉代在南阳的田猎活动无比兴盛。

南阳汉画中的田猎活动，也使用了多种器物，诸如各种武器及捕兽的专用工具，还有专用猎车等。而南阳汉画像表现的游猎活动还有很多，猎获的猎物也很丰富，从画面上见到的被猎获的动物有虎、牛、鹿、兔、野猪、雁、鱼等，这与文献中所见到的猎物种类大体相近。

知识点滴

唐代帝王对田猎的偏爱

相传唐太宗李世民自小酷好田猎，甚至他登基称帝后对田猎仍然是兴趣不减。他每隔几天，便兴师动众，率领数万将士一起出城围猎。

不少大臣婉言相劝，唐太宗却认为田猎是在练习骑射和检验军队，对国家有利，因此不听劝谏。

有一天，太宗又准备去打猎，正要上马时，猛然间，他的主簿孙伏伽跑了过来，他一把抓住太宗的马缰，强行制止唐太宗李世民出城。

孙伏伽异常严肃地说："天子居住的地方戒备森严，出行的时候仪卫扈从很多，这些并不是为了讲排场，而是为了国家的利益

和朝廷的尊严。"

"而走马射猎、放鹰驱犬，那是年少纨绔子弟取乐的事。陛下以前做秦王时，偶尔打打猎，也无关大局。但如今您贵为天子，怎么能时常劳师动众出去打猎呢？'驰骋田猎令人心发狂'，陛下不要忘记老子这一警言。陛下太热衷于打猎，既不利于国家，又不是值得后世效法的好榜样，臣以为陛下不当如此！"

但是，唐太宗并不听孙伏伽的劝阻，他一边迫不及待地翻身上马，一边向孙伏伽解释说："如今天下虽然太平，但也不能放松武备。朕外出围猎，练武强身，又有什么不好呢？而且朕从不惊扰百姓，又有哪点不恰当呢？你还是不要再多说话！"

可是，孙伏伽却抓住马缰不放，还厉声说道："今日陛下不听微臣劝阻，定要出宫，就让马从我身上踏过去就行了。我纵然被踏死，也不会放掉缰绳，否则，陛下休想出宫！"

唐太宗一再命孙伏伽松手，左右侍从也来劝孙伏伽，孙伏伽一概不理，死死抓住马缰不放，还对唐太宗说："只要我还有一口气，就不愿看到陛下做天子不应当做的事情。"

唐太宗见孙伏伽这样固执，他怒火中烧，大声喝道："朕贵为天子，万乘之主，难道连这点自由还没有了吗？怎么还须看你的脸色行事！"于是，立即命武士将孙伏伽推出午门斩首示众。

几个武士应声而至，他们抓着孙伏伽的衣领就往外拖。孙伏伽面临杀身之祸仍然毫无惧色，他大声说道："我宁肯直言进谏而死，与被夏桀杀害的关龙逄同游地下，也胜过苟活，看陛下犯过不改。"

唐太宗见孙伏伽如此倔强，也被他大无畏的精神和一片忠心所感动。他便从马上下来，笑着对孙伏伽说："朕不过试一试你的胆量罢了，你能冒死直谏，我还能去打猎吗？"

唐太宗马上命令武士放开孙伏伽，并解散围猎大军。同时为了表彰孙伏伽，提拔他为五品谏议大夫。后来，唐太宗约束了自己经常大规模田猎的行为，在孙伏伽、魏征等忠臣的帮助下，开始专心治理国家，开创了伟大的"贞观之治"。

随着人类文明的发展，至唐代，狩猎逐渐地具有了娱乐、军事、

体育的多重性质，也成为习武练兵、强身健体、振奋精神、谋取收获的一项集体性的综合运动。《周礼》中记载的君王四季田猎礼仪，也被唐王朝沿袭了下来。

唐代的皇帝，个个武艺高强，英勇善战，他们喜爱狩猎，擅长骑射，甚至还把狩猎放在与国家祭祀同等重要的地位。

据史书《新唐书·礼乐志》记载，唐代帝王的田猎活动气势庞大，从事先准备到具体实施过程，从获取的猎物到结束后的分配、赏赐等，都有一套复杂的礼仪，宛若一场谋划周密的重大军事战役。

唐代田猎不仅注重个人的身体素质、武艺技能，还特别讲究集体的配合、整体水平的发挥。而田猎的地点，一般都选择比较空旷、地势比较复杂的长安附近。

但是，有的时候也选择在较远的其他地区，如咸阳的周氏陂、泾阳的华池、同州的沙苑、岐州的凤泉汤等，都是唐代狩猎的主要地方。田猎时间短的有一天的，长则5天以上。

比之大型田猎，唐代帝王平时的小型狩猎规模就比较小了，一般仅有大臣从驾、武士护卫等，人员比较精干，时间地点上灵活随意，而狩猎更注重的是皇帝个人的体能、胆略、骑射技能和心理素质。

唐代田猎地点一般在长安城周围的昆明池、咸宜宫、骊山、上宜川、高陵、渭川等。唐代著名诗人王维的《观猎》一诗，描写的就是在渭川狩猎的场景，诗写道：

风劲角弓鸣，将军猎渭城。
草枯鹰眼疾，雪尽马蹄轻。
忽过新丰市，还归细柳营。
回看射雕处，千里暮云平。

其实，唐代狩猎的方式也是多种多样的，有火攻、围猎、网捕、索套、骑马箭射等，有时是几种方法同时使用的，一般用火攻法时，先纵火焚烧草木，使野兽难以逃脱，最后再捕获这些野兽。

唐代女子也乐于在射箭场习射竞技，她们也经常伴随帝王出游田猎。宫中女子流行射鸭比赛，而随同皇帝和贵妃出游时的女官们，她们都配弓带箭，而且射术非凡，抬手举弓，便可以射中天上的飞鸟，而且经常是一箭双雕的。

唐代的开国皇帝是通过武力夺取天下的，他们在各种斗争的磨砺中，使朝廷的核心人物个个武艺高强，英勇善战，他们都喜爱狩猎。

唐代巢王李元吉更是痴迷田猎，他曾经说："我宁可三日不食，也不可一日不猎。"

在陕西发掘出的唐代章怀太子李贤的墓中，人们发现墓道壁画中有一幅《狩猎出行图》，整个画面有四五十名骑手，旗帜招展，骏马奔腾，显示了唐代贵族狩猎场面的热烈壮观。

田猎的猎手们奔驰在山林之间，挥舞着刀剑驱驰呐喊，此时，连最凶猛的禽兽见了也会狼狈逃窜。猎手们用猎获的猎物把车辆装得满

满的，然后在野外举行盛大的庆宴，篝火烧烤的野味浓香四溢，美酒斟满了夜光杯，田猎的乐趣使猎手们流连忘返。

我国明代文学家马中锡在其《中山狼传》中非常细腻地描写了春秋时期晋国大将赵简子田猎的壮观场面，以及赵简子踌躇满志的人物形象："赵简子大猎于中山，虞人道前，鹰犬罗后。捷禽鸷兽，应弦而倒者不可胜数。有狼当道，人立而啼。简子垂手登车，援乌号之弓，挟肃慎之矢，一发饮羽，狼失声而逋。……足音鸣雷，十步之外，不辨人马。"

知识点滴

唐代帝王的狩猎活动，有正规的规模庞大的田猎，也有随意灵活、不拘形式的小型打猎。尤其是在仲冬季节举行的田猎活动，被统治者作为了国家的一项重要活动，还被纳入五礼之一的军礼之中。

唐代帝王以狩猎为乐，在唐代皇族之中最为盛行。唐高祖李渊统一天下之后，他每年都要举行一两次大的田猎。

有一次，唐太宗李世民还要在禾苗盛长的夏季出猎，府司马大臣卧在他的马前进谏道："今农在田，陛下何得非时以损下人！"李世民还在狩猎中亲手刺死一只野猪，称之为"天策上将击贼"。

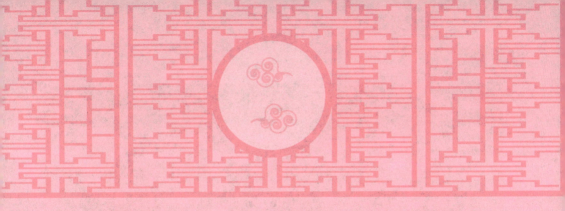

元代田猎时训练军队

　　相传在元代蒙古最强盛时期，每逢大汗成吉思汗要进行大猎时，他就传下诏旨，命令驻扎在他大本营附近的军队做好行猎准备。按照指令从每10人中选派几个骑兵，提前把武器及其它适用于田猎的器用

分发下去。

田猎军队的右翼、左翼和中路必须按照固定排好队形，由千夫长、万夫长们率领。

后勤部队携带后妃、嫔妾，以及粮食、饮料等，陪同军队一起出发。

成吉思汗的一次田猎，通常花一两个月的时间去形成一个巨大的猎圈，他的军队缓慢地、逐步地驱赶着前面的野兽，小心翼翼，唯恐有一头野兽逃出圈子。

在这一两个月中，他们日夜驱赶着野兽，好像在赶一群羊一样。随后，田猎部队捎信儿给大汗，向成吉思汗报告猎物的情况，比如猎物多少，或者将猎物赶到了何处等。

最后，猎圈收缩到一定范围时，田猎军队就会把绳索连接起来，还在上面用毛毡覆盖住，军队围着圈子停了下来，肩并肩站立在那里。

当猎圈已经再收缩到野兽不能跑动的时候，成吉思汗便带领几骑首先驰入猎圈去打猎。

当他打猎累了后，他就在高地上下马，观看诸王同样进入猎圈打猎。等贵族们打猎完后，再按照顺序，最后进入的是那些将官和普通士兵。

就这样几天以后，除了几头伤残后游荡的野兽外，再没有别的猎物了。这时，几个老头和白髯翁卑恭地走近成吉思汗，为他的幸福祈祷，还替劫后余生的野兽们乞命，请求让它们到有水草的地方去。

这时，成吉思汗的田猎活动才堪堪完毕，他们把猎获物集中在一起，清点捕获的猛兽数量。

这便是田猎中的围猎，是我国蒙古族老少娴熟的一项活动。元代的蒙古大汗、王公贵族们都喜欢围猎，他们围猎时经常一齐出动，正是全民性的活动。

元代的围猎可分为虎围、狼围、鹿围和鸡兔围等，而实际上是一场蒙古马竞技表演和准军事的演习，凡参加围猎者均要骑一匹精良的蒙古马，骑兵很是威风，具有鲜明的蒙古

民族特色。

其实，狩猎是蒙古民族一种古老的生产方式。蒙古族狩猎经济的产生可以追溯到漫长的原始社会。

在蒙古族的发祥地额尔古纳河流域的山林地带，他们的祖先在密林中度过了漫长的狩猎生涯。

据史书《蒙古秘史》记载，在成吉思汗成长时期，他们全家人曾经迁往流经不尔罕山前的桑沽儿小河附近住下，就是靠捕杀土拨鼠、野鼠等来维持生计。

其实，蒙古人狩猎的主要目的就是以狩猎所得来代替家畜的消耗。

此外，狩猎还有3个附属的功能：一是军事训练，增强武备；二是以所获的珍贵皮毛换取所需要的物资，改善生活；三是捕获那些害畜野兽，保护牧业生产。通过这种活动，培养人们的智慧和胆量，增强集体应变能力，调教坐骑和鹰犬。

元代狩猎通常有两种方式，一是大规模的围猎；二是个人或少数人的行猎。前者是由大汗君长或部族长们领导执行的，后者是个人的行动。

大型围猎，动员数十人、上百人，甚至更多，有固定的日期和规程。一般来说，打什么围，就有什么章法。

大型围猎，须事先下达通知，通报包括地点、预定时间，各个责任地段等。要延请围猎高手。猎人们根据时间，准备干粮、马匹、猎犬以及箭壶、布鲁等器械。夏秋围猎之前须"吊马"；给猎犬佩戴用香牛皮或布帛做的红重项圈，观之威风凛凛。

根据狩猎对象划分，狩猎还可以分为虎猎、狐狸猎、黄羊猎、兔猎、野猪猎、狼猎等。

一般，元代的狩猎对象可分为两种，一是禽类；二是兽类。前者的娱乐成分较多，多半是用鹰来捉捕猎物。

大汗君长们所用的是非常敏捷的海东青，他们以弓箭射鸟，同时还要把鸟和箭的距离与速度计算恰当，才样才可能射中，不然他们弯弓射雕，又有什么奇特的呢？

当然，狩猎除了具有军事性的围猎以外，适用猎犬也是可汗们行

猎的方式之一。

元代蒙古人的打猎活动，大体上从秋末冬初开始一直坚持至第二年的初春。当然，其他季节也有打猎的活动，但毕竟不是最主要的。

在行猎季节内具体行围日期，以三、六、九或五、七日进行，间隔五六天举行一次。

之所以在秋末冬初开始打猎，是因为"九月狐狸十月狼"。在九、十这两个月间，猎取的猎物皮毛质量高，绒毛适当，毛皮成色好。特别是就狐狸来说尤其如此。

因为狐狸毛皮极为珍贵，错过了此期间猎取的狐狸皮就会成了老羊皮，也就不适于再做裘皮了，而那时候它的经济价值和实用价值也都不高了。所以即使在初春季节，元代蒙古人也不大愿意猎取狐狸。

元代的打猎除了射击之外，无论驯犬、调鹰，利用动物心理等，都需要人们有纯熟的技巧，这也是草原艺术之一。例如猎黄羊只能一头一头地去瞄准，否则便一无所获。

对于每一种猎法，都有特别的技巧。打中猎物不伤害猎物的皮毛，这才算是一个优良的射手。元代人们一般用弓矢长枪去狩猎，也有一个短而有力的铁锤是专为猎狐兔而准备的，此外，还有陷阱、夹套等，也都时常使用。

蒙古人在没有战争的时候，一般就要去田猎，从而达到训练军队的目的。

元代的田猎并不仅仅在于围猎本身，还在于训练战士们熟于射术和耐力。所以狩猎不仅是在获取猎物，在娱乐方面和军事训练方面都有很重要的意义。

元代蒙古人有驱使猎狗捕猎的方式，因此，他们非常重视选留一只好的猎狗。

　　他们选留猎狗要注重好的品种，也就是从良种小狗崽中挑选腰身长，尾巴长而匀称的小狗，这些小狗听觉灵敏，视力敏锐，动作敏捷，跑起来也非常快，只有这种小狗才有可能被作为猎狗。

　　蒙古人第一次出外调驯猎狗时，他们先往狗鼻子里灌注狐狸的热血，使猎狗与狐狸和狼成为冤家对头。

　　如果是专门猎取狐狸和狼的猎犬，那么就不能用它来猎取兔子，这是为了培养猎犬专一的精神，否则猎犬在追逐狐狸的过程中一旦遇到兔子，就会失去主要目标。

　　元代田猎方式，通常是成群结队的蒙古猎人围捕所猎取的各种野兽，这些野兽是蒙古人重要的肉食来源。而成吉思汗和忽必烈的雄才大略，便有一部分来自他的狩猎经验。

　　蒙古草原也栖息着多种鹿类，如瞪羚、赛加羚、麝香鹿等，此外，还有成群的剑羚和野驴，这些动物的肉都是可以吃的，但是，它

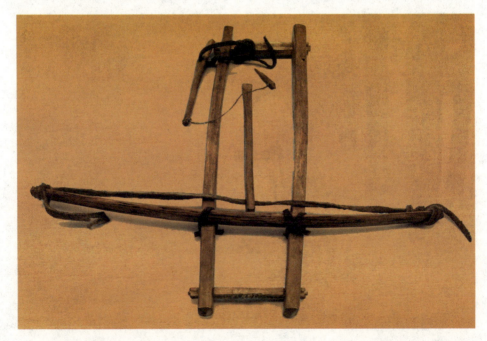

们行动敏捷，生性警觉，是极难猎捕的。

蒙古猎人如果单枪匹马，就只能放慢脚步，悄声跟进，或者是伏在灌木丛旁水池中，伺机而动。不过，最有效的狩猎方式是围猎。

成吉思汗极其重视狩猎，他曾经说：

行猎是军队将领的正当职司，从中得到教益和训练是蒙古军团应尽的义务，他们应当学习猎人如何追赶猎物，如何猎取它，怎样摆开阵势，怎样视人数多寡进行围猎。

这不单是为猎取野兽，更主要的是使军队在围猎中熟悉弓马，磨炼吃苦耐劳的意志，学到战争技巧和艺术。

成吉思汗把这种围猎方式，扩大成缜密的军事训练，每个成年男子都必须纳入团队行动中，发挥他的功能。也难怪蒙古将领在战场

上，除了勇气过人、坚忍顽强之外，行军布阵的本事更是不容小觑。

在集体围猎的过程中，那些千夫长、万夫长们可以体会出整合的精义，他们知道如何激发出将士的战斗力。所以，猎场与战场上的经验得到了相互的印证，也难怪他们用兵如此出神入化了。

蒙古人的猎狗也叫"细狗"，是专门训练出来捕猎狐狸的好手。它只要随着一点模糊不清的狐踪，就能准确无误地跟下去，在草丛中把狐狸惊起，追上去捉住。如果狐狸钻进洞里，它也能随着爬进去，咬着狐狸尾巴将其拖出来。

好的细狗一天能猎获10来只狐狸，最次的也能抓到两三只，而且这种猎狗还十分善解人意，它们知道狐狸皮毛很值钱，便专挑脖子等无关紧要的地方下口。

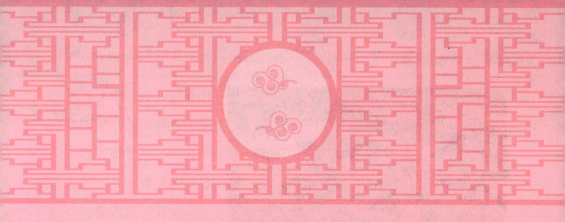

清代海东青和木兰围场

据说在清代康熙年间，康熙皇帝在五台山上礼佛，当时他住在台麓寺的行宫里。

黄昏时分康熙带着侍卫们在山下散步，突然一只斑斓猛虎从对面

的山上一步一步走下来。

康熙见了，问随身的侍卫："老虎很凶猛，会不会伤人呢？"

侍卫们回答道："当然会了，伤人是老虎的本性嘛，尤其是在饥饿的时候，它更会伤人。"

康熙听了，便从侍卫手中取过弓箭，一箭射死了那只老虎。

老虎死后，康熙后悔了，他立即责备随身的侍卫说："你们遇事就是不动脑子，一般的老虎应该是从山上窜下来的，而这只老虎是一步一步从山上走下来的，很明显这只老虎是前来迎驾的，你们怎么说它是伤害人的呢？"

侍卫们都觉得有道理，为了向这只老虎表示歉意，康熙下令把死去的老虎抬进寺内庭院里，摆在一个特制的木架上供起来。他还下令在供桌上摆放堆积如山的供品，并每日与侍卫供拜它。

后来，康熙还将红崖村改为射虎川，当老虎肌肉腐烂后，人们用草木填进虎皮之中，用宝石镶嵌在虎眼里，还把它移到天王殿内供奉，这就是五台山"射虎川"的由来。

清代满族人有传统的狩猎习俗，他们的鹰猎是我国的文化遗产之一，具有非常丰富的历史与内涵。

满族使用鹰猎狩猎的习俗历史悠久，之前唐代，满族所属的北方少数民族就开始向宫廷贡奉猎鹰了。而从金代至清代，皇帝、朝廷大员和贝勒们都爱把海冬青架在肩膀上，他们耀武扬威地出门，很是威风。

海东青是一种性情凶悍的猛禽，是禽中之王。海东青又有"海东青鹘""海青""海青少布""白鹰""玉雕""玉爪雕""白玉爪""青雕"等称谓。

"鹰达"制度也就是捕鹰人要捕鹰、驯鹰，然后上交皇贡，同时用鹰去捕猎天鹅、狐狸和大雁等珍禽走兽，同样为了上交皇贡。

清代的鹰猎八旗，他们要长途跋涉到远东库页岛去捕捉雏鹰。

鹰巢一般都建在峭壁之上，人们捕鹰很是危险，后来康熙帝不忍心让鹰猎八旗再遭苦难，于是下令裁撤了这项徭役，改为捕捉成年鹰了，至清代末期，捕鹰习俗逐渐消失，但猎人还是会为了狩猎而去捕鹰。

在清代的皇室宫廷里有这样一条规定，凡是流放到辽东边地的犯人，若能捕捉到一只海东青，就可以无罪释放。

可见当时的皇族重臣为得到海东青不惜重金，捕捉到海东青的犯人，除了可免除罪刑之外，要是有幸得到白玉爪献给皇帝，不仅死罪可免，而且还能一夜暴富。

在1657年，京师内务

府在东北专门设立了"打牲乌拉"总管衙门，辖区面积7000平方千米，这个机构是专门为皇帝贵族采捕朝廷贡品的，同时也设立了捕鹰丁，也就是专门负责捕捉贡鹰的机构。

清代也曾有这样的规定，据说白玉爪的鹰类只能由皇帝豢养把玩，就连皇亲贵族也绝对不许染指，从中可见清代人们对猎鹰的使用也是有阶级性的。

康熙帝特别喜欢打猎，他尤其喜欢鹰，曾经赋诗赞美自己的爱鹰，诗写道：

羽虫三百有六十，神俊最属海东青。
性秉金灵含火德，异材上映瑶光星。

这首诗表明了，康熙皇帝宣扬了武德，激励了军勇，更夸耀了海东青性情刚毅而激猛，说它的品质的优秀可与天上的星星遥相辉映，他的力量之大，如千钧击石，飞翔速度之快，如电闪雷鸣。由此可见海东青在清代帝王眼中的地位非比寻常。

而乾隆在他的所写的《海东青行》诗中也说："鸷鸟种不一，海青称俊绝。"康熙、乾隆以及后几代皇帝，都有喜欢田猎并豢养把玩海东青的嗜好。

后来，清代贡鹰的习俗逐渐结束了，在民间捕鹰、驯鹰、放鹰的习俗也很少见了。

而有关清代御用猎鹰"海东青"的图片和绘画作品非常多，其中清代著名画家朱耷的《双鹰图》等作品最为著名。

清代人鹰猎的生活非常艰苦，首先是捕鹰和驯鹰。每到秋分前后，几场秋雨，东北天气渐渐寒凉起来。风吹落树上的叶子，吹薄了天上的云层，草开堂的时候就要到了。

草开堂是残酷的季节，往往一昼夜间，寒霜就使万物凋零，所以寒霜又叫"酷霜""毒霜"。霜落草死之后，动物们却到了捕食的黄金季节，这时候，猎鹰人也要去捕鹰了。

捕鹰是生离死别的岁月，清代人通常都要到遥远的库页岛悬崖上去捕鹰。他们要冒着寒冷，到山上去搭建窝棚。窝棚其实就是在山上挖的坑，上面盖着树枝，中间拉出两根绳子。

捕鹰人在10米开外的地方把网支起来，网下拴着鸽子或野鸡。如

果老鹰盯住了鸽子，飞进了窝棚，那猎手就会"啪"地扣住了网，鹰就被捉住了。

因为隔得比较远，捕鹰人还要注意隐藏不被老鹰发现，所以捕鹰人其实是看不到鹰，他们只能听。所以无论怎样的酷寒，他们必须都要把耳朵露在外面，若是一位鹰把头的耳朵不能凭借叫声分辨出老鹰是公是母，那他就不是一个合格的猎手。

在清代时东北地区，猎户架鹰出猎一定要选在快到中午时分。一是为了缓解昨日架鹰出猎的疲劳；二是为了躲避北方的冻雾。

冻雾是长白山松花江沿岸特有的一种冻气。这种雾是透明的，人肉眼看不见，但能明显感到它融汇在气流中，使空气变得湿冷无比。

冻雾往往是在后半夜才开始有的，如果人一早出门的话，就好似一下子掉进了冰洞里，他的头发和皮肤立刻被冻得梆梆硬，胡子眉毛也立马挂了浓霜，那时的寒气吸进肚里像一把尖刀扎进肠子一般。人们在冻雾侵袭下，时间长了，恐怕要不了多久就无法忍受了。所以清代人捕鹰都要尽量躲避冻雾。

清代人捕到了鹰，他们就要开始驯化这只老鹰，又叫"熬鹰"，这个过程也是相当烦琐和困难的，而猎鹰每日的伙食也相当丰富，每只鹰一天都要吃8两牛肉。

在清代，捕鹰人虽然捕鹰却不杀鹰，因为他们一直谨遵祖先遗训，还有捕鹰人杀鹰也是触犯律法的。

在每年春天，他们都要将鹰放飞，放飞鹰的时候，鹰和捕鹰人都会落泪，而鹰三四天都不离开捕鹰人的院子。在鹰的留恋里，有着人与动物的深刻情感。

田猎中除了特殊海东青文化之外，还有一些有名的围猎场所，其中最有名的是"木兰围场"，这个木兰自然不是花名，也与我国古代女将花木兰无关。

清代初期，木兰围场里有很多鹿，中秋节前后，猎人头戴鹿帽，吹起木制的笛哨，模仿鹿的声音去捕鹿，满语称之为"木兰"，其实就是"哨鹿"的意思。

清代人们在木兰"围场"狩猎时，猎人要潜伏在草丛中，戴上假鹿头，口中吹木制的长哨。他们吹出仿效雌鹿求偶时发出的呜呜声，或者用桦皮做的狍叫子，吹出小狍的"唧唧"音，引诱鹿狍以便捕捉。

"秋狝"一般是在每年的七八月间进行。古代指秋天打猎为狝，称春天打猎为搜，夏天打猎为苗，冬天打猎为狩。"秋狝"也是清代皇帝打猎时的专用词，康熙曾写下"鹿鸣秋草盛，人喜菊花香"的诗句，用来赞誉木兰围场。

1677年秋天，康熙首次出巡塞北便看中了这块地方。1681年，康熙第二次来围场，他划定了塞北这些地方，总共14万多平方千米的围场，还划分了72个小围场，并且每年举行"木兰秋狝"，并制定成祖

制，定为家法。

木兰围场在塞北坝上草原，那里山川陡缓交错、草原丰美广袤，自然风光在这里构成了一幅绮丽的画卷。

木兰围场的开辟大部分都是蒙古族的游牧地，后来蒙古族将这片土地献给清代，再加上西部原属清廷的领地，这才构成了阔达10000平方千米以上的北方"木兰"猎场。

1683年，康熙第三次北巡塞外时，他第一次远上围场巡猎。自从康熙开围至1820年的138年间，清代历任皇帝共举行了大型的"木兰秋狝"105次。

帝王秋狝也不是纯粹地为行猎而取乐，在我国经典《国语》中就有"秋狝治兵"的说法，所以木兰秋狝也称"木兰习武"，借以训练满族八旗将士，这也成为了清代的定制。

清代道光帝即位前，他曾经12次跟随皇帝进行木兰秋狝，可他即位之后却因晚清内忧外患，一次也没有到过围场。

显然，100多年的"木兰秋狝"曾经对于清代朝廷的强兵固防起到了一定的作用，但它的衰败和封建王朝的衰败一样，是大势所趋。

木兰围场，也就是坝上草原，它是花的世界，林的海洋，水的源头，云的故乡。森林草原美景，骑马狩猎让清代帝王们尽情领略纯自然的魅力。

夏天的木兰围场，茫茫草原，繁花似锦，徜徉其间，心旷神怡，不知有暑。9月的坝上，红叶满山，霜林叠翠，白桦幽幽。

而在冬季，林海雪原莽莽，万籁俱寂，春天的坝上，落陌荒凉开始孕育着生机更是一种悲壮的美。

其实，清代木兰围场的秋狝田猎活动，与元代蒙古族田猎颇有类似。首先，清代皇帝们先从御林军中挑选3000名优秀的弓箭手，并让他们按照一定的顺序和间距，列队绕着山峰向山峰两侧扩展，围成一个直径3里的环形。

等所有的位置都固定了以后，让全体的弓箭手成一条线向前进。前面无论是谷涧，还是荆棘深丛，甚至是险陡的山崖，弓箭手们都要前行攀涉，不准他们左右窜动和离开队伍。

就这样，3000名弓箭手横越谷涧和山岭，他们把兽类围在这个环网中，再渐渐地围到一块没有树木的低地。然后，3000名弓箭手连同

王侯百官，步比步，肩并肩地穷追那些从栖息地赶出来的野兽。那些野兽东窜西逃也找不到逃路，终于力竭就捕。

康熙曾经用这种办法，仅半日间就抓住了300多只牡鹿、狼和狐狸以及其他野兽。

很明显，康熙打猎，模仿了元代成吉思汗田猎的方法，只是田猎范围相比小了很多而已。

其实，清代王室源起于我国东北的长白山麓，他们世代以"狩猎"作为练武和谋生的手段。

后来，皇帝为了防止八旗军贪图安逸，荒废骑射，清代帝王便恢复了古代狩猎和阅军的制度，不过这时用的不是射驭，而是骑射。

特别是康熙、乾隆两朝，更是非常重视狩猎，他们每年都要进行一两次大的狩猎活动。康熙还把几次平定叛乱的功绩，都归功于围猎训练的缘故，这说明了他本人的确是从练武的角度出发进行田猎的。

木兰围场建立后，自康熙至嘉庆的历代皇帝，包括从未到过木兰围场的雍正帝都曾严令"民人不得滥入""禁樵牧""禁伐殖"，并派八旗兵严加看守。

围猎是有计划的，每次秋狝只择其中的十余围进行狩猎，其余众多围则是休养生息，令野生动植物得以繁衍恢复。

不过猎，不滥猎，在每次木兰秋狝时都严令随行军骑"遇母鹿幼兽一律放生"，设围时留有一缺口，令年轻力壮之兽得以逃生。每次围末，"执事为未获兽物请命，允其留生繁衍，收兵罢围"。

康熙帝选择木兰围场作为皇家猎苑，有其政治目的和战略意义。木兰围场北控蒙古，南拱京津，是历史上的战略要地。

清王朝自设立木兰围场之后，每年都要在这里以行围狩猎的方式

演练军旅，同时推行"肄武绥藩"的国策，从而达到控制蒙古、震慑沙俄、加强民族团结、巩固北部边防的目的。

这时的木兰围场实际上已成为清政府的主要政治、军事活动场所，是北京—避暑山庄政治活动的重要组成部分。

1690年，康熙在这里举行了著名的平定噶尔丹叛乱的乌兰布通战役。从1681年至1820年，康熙、乾隆、嘉庆先后来围场举行"木兰秋狝"105次之多。雍正在位13年，没有到过围场，但他遗嘱"后世子孙，当遵皇考所行，习武木兰，毋忘家法。"

知识点滴

木兰围场最初叫兴安。1863年，康熙陪伴祖母第一次来到木兰围场，他自己写下的纪事诗，名字叫《夏日奉太皇太后避暑兴安》，随后他行猎围场一个多月，也写下8首诗，题为《驻跸兴安八首》，而且在诗序中记述了围场的地理位置和自然景观。

不过，这个兴安仅是一种对木兰围场的泛称。"木兰"却是从满语"哨鹿"的发音衍生而来的。围场的满语译音为"辉罕"，所以如果完全用满语译音，就读作"木兰辉罕"了。在清帝及文人的诗文中，也用阴山代称木兰围场的，因为塞罕坝在他们看来是阴山山脉向东延伸的一部分。

投壶游戏

　　投壶也叫"射壶"，是古代士大夫在宴饮时所做的一种投掷游戏，是一种从容安详、讲究礼节的活动，在战国时相当流行。投壶是用手将箭投进酒壶，用以代替古代的射箭礼仪。

　　投壶是我国古代礼仪文化的重要组成部分，这是一种既可以登大雅之堂，又能在平常人家玩的传统游戏。投壶游戏由商周时期的礼射演化而成，它有很严格的礼法限制，还需要有基本的一些器具，如壶、矢、酒、音乐等。投壶游戏作为一种正规的比赛，具有一定的过程与规则。

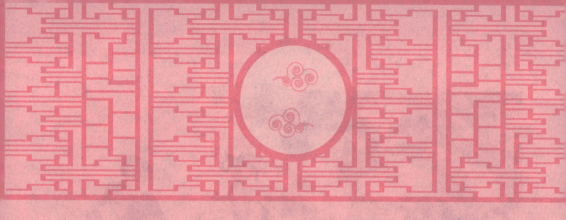

从商周射礼到春秋投壶

那是在春秋末期，也就是公元前531年，当时的晋国国君晋平公去世了，他的儿子晋昭公即位。按照战国时的旧制，新的国君登基，那些诸侯是要前去祝贺的。当时的齐景公、卫灵公、郑简公3位国君就一齐来到了晋国。

当时晋昭公就设宴招待远来的诸侯们，那时酒席宴上常规的礼节是不能少的，所以诸侯们就举行投壶游戏进行娱乐。当时是晋昭公先投，齐景公再投。

晋国大臣荀吴起来致辞说："有酒如淮水滔滔，有肉如水中小岛。我们国君若一箭投中，就要做各国国君

的盟主。"

他说完以后，晋昭公进行投射，一下子就投中了。

同样身为一等大国国君的齐景公听了这个祝词，他心里很不高兴，执箭自己致辞说："有酒如渑水流长，有肉堆成山冈。我若一箭投中，我齐国就要替代贵国的昌盛。"

说完了这些话，齐景公也是一下子就投中了。

在春秋时期，人们的交谈都是通过委婉的话语表达出来的，他们通常采用《诗经》中的话。

后来，宴席结束以后，参加宴会的晋国大臣伯瑕埋怨荀吴说："晋国本来就是霸主，何必要以投壶中矢来证明呢？现在，齐国的君王在酒席上当面挫弱我们的君王，看来他们以后不会再来朝会了。"

荀吴立即反驳说："我国的军队非常厉害，将帅都非常英勇，士卒们努力勤勉。现在不还是和过去一样吗？他齐国哪有胆子违敢背盟啊？"

齐景公的祝词一方面是祝贺晋昭公国家兴旺，另一方面也暗含了对晋昭公盟主地位的不服。

由此可见，当时的投壶虽然有"揖让"这些礼节进行遮掩，可是骨子里却是在较劲。

这是春秋时期，著名文学家左丘明在《左传·昭公十二年》的一段投壶游戏记载。

虽然是诸侯们在投壶喝酒，两位国君却都想利用这个机会，来显示一下自己的实力和称霸天下的雄心。同时也说明，春秋时期的投壶之戏，不是光投壶即可，还要有一定的仪式。而每投必中，表明了他们在玩投壶游戏的时候已经熟练自如了。

投壶在春秋很是盛行。由于投壶活动是一种分输赢、决胜负的比赛，所以在春秋时，这项活动往往会染上一些政治斗争的色彩。

投壶起源于商周两代的射礼，也正是因为投壶游戏是从射礼中演变而来，所以早期的投壶依然带有炫耀武力的色彩。

后来汉代著名文学家郑玄在他所著的《礼记·投壶》中这样说："投壶是从商周时期射礼演化而来的。"

春秋时期的射礼其实就是宴会上射箭的礼节，它源于我国传统六艺之一的射艺，而射礼也属于射艺的一种。

射礼也叫"礼射"，它很强调礼仪的重要性，是一种带有较强的礼仪文化性质的射箭活动。礼射之礼也就是射的礼仪。顾名思义，射礼是一种以射箭为重点的礼仪，它融合了比赛、礼乐和宴饮等内容，专门用于选拔、竞技、宴宾和致礼等场合。

射礼在传统五礼中属于军礼的范畴，不过在周代叫作"嘉礼"。对于周代人们来说，刀兵之事是再平常不过的事情了，所以商周及春秋时期的人们都希望通过射箭来表示礼仪。《礼记·射义》中也说：

通过射礼，可以看一个人的德行。射箭中的，是因为人志洁行廉，守持中正，谦而不踞。在射礼中内外兼修，是符合儒家思想的。

在上古时候，射箭其实是用来征服野兽、抵御外敌的。

春秋时期人们擅长弓矢技艺，射术所占的分量自不用说了。那时候，射术成为选士的基本标准之一，而且古人重礼，因而也就创制了射礼。

商代社会是非常重视射礼的，当上层官员和卿大夫们生了个男孩子时，他们就要在门上挂上一张弓，并且用6支箭向天地四方各射出一支，表示这个男孩子长大后，要使用弓箭去征服四方。

商代的射礼一般分为多个系列，并且它们适用的场合与意义也都是完全不一样的。这就产生了一个问题，投壶究竟是从哪一种射礼演化而来的呢？

　　商代射礼包括大射、宾射、宴射和乡射4种，这也是华夏射礼的起源。大射是天子、诸侯、卿和士大夫祭祖和祭神前所设的活动，周代的人们以射术选择参加祭礼的贡士。

　　宾射是天子因诸侯来朝而举行的射礼，宴射是天子与群臣宴饮休闲娱乐之射，而乡射又叫飨射，是民间举行乡饮酒礼时所行的射礼。

　　这4种射礼仪节有别，它们所用弓、箭、箭靶和乐舞等都不一样。也就是说，在天下太平的时候，就用于礼乐成为国家礼仪性的活动。

　　如果遇到了打仗，那它们就可以用于战争。无论从那一个方面

讲，它们都含有明确的军事政治目的。

对于投壶是从哪一种射礼演变而来这个问题，人们的分歧和理解都不一样。

一种说法认为，春秋时期的投壶是从商代的大射和乡射演化而来。而大射、乡射这两项礼仪，是商代奴隶制国家自上而下的军事训练制度。

大射、乡射这样的活动，都要搭弓射箭，它们可以在室内、堂上和庭院里进行，不过，射箭需要一个较大的场地，需要较多的器具，而且还具有一定的危险性。

由于客观条件的限制，射箭显得不是很方便，于是有人就采用了以手投箭入壶，用壶代替箭靶的游戏方式。就这样，投壶游戏产生了。

汉代著名文学家郑玄曾经说过："投壶就是在习武中进行娱乐的活动。"这正好可以印证投壶的来源。还有人认为，投壶并非用箭射靶，而是以箭投壶，而投壶相应的手势动作都与射箭毫无关系，所以他们说，投壶不应该是从射礼中来。

从投壶的有关规则上看，它其实是一种近距离的投掷游戏，最远的距离不超过3米，近的只有1.6米或者2.3米，根本起不到投掷武器，如标枪、匕首、戟那样的效果。从这点来看，投壶与校场上真枪实箭的习武是毫无关系的。所以，还有一种说法认为，投壶是从宴射演化而来的一种礼仪活动。

据《周礼·春官·乐师》记载："宴射就是参与者在宴席上进行射箭的一种礼仪活动。"其实，宴射是诸侯招待国宾时，他们一起在宴会场所举行射箭比赛，并借此机会观察双方对军事训练是否重视的一个活动。

由于宴射活动耀武扬威的色彩过于明显，与宾主宴会的氛围不太协调，所以就改为了投壶。

投壶这样一种快乐的活动，再配上文质彬彬的礼节和柔美的音乐，就可以达到让客人高兴的目的，还能够让客人多喝上几杯。同时，也能够向客人展示自己的实力。

春秋时期，在各种大的宴会上都要进行射礼，主人请客人射箭是诸侯宴请宾客时的最重要礼仪之一。自天子、诸侯及至大夫，他们各有都有不同的射礼仪式。第一，不能参加的人必须说明缺席的原因；第二，成年男子不会射箭被视为耻辱，当主人请客人射箭时，客人是不能推辞的。

除了以上两种说法之外，还有一种说法。这种说法也同意投壶是宴射礼的演变，但是关于演变的原因，却持有另外一种想法。

这种观点则认为，不是为了取悦宾客才把宴射变成投壶的，而是由于奴隶主阶级渐趋腐化，许多人根本就不懂射艺，甚至他们根本就拉不开弓，上不了马了。

再加上射礼对场地有特殊的要求，因此，射箭渐渐不能满足娱乐的需要了，于是有人就想出了用箭投酒壶的方式来作为代替。就这样，射礼成为了投壶礼，投壶礼也就产生了。

投壶既可以娱乐，又代表礼仪，而且对环境要求相对简单，因此投壶礼一出现，它就大受欢迎。久而久之，投壶就代替了射箭，成为宴饮时的一种游戏。各国诸侯都非常喜欢这种新型的投壶礼。

此外，还有的论者认为投壶本与射礼一样，是古代圣人创制的一种既可用于平民，也可以用到官绅的全民性活动，它的目的在于让人们得到心灵的中正平和。后人就专门对投壶礼对人心理的作用进行了描述。

北宋时期大儒司马光在《投壶新格·序》中，阐释了投壶要领与治心修身的关系。他这样说：

投壶活动，不能超过，也不能达不到，所以符合中庸的思想。还不能射偏，这又符合儒家"正"的思想。在进行投壶活动的时候，人们平心静气，非常谨慎小心，又合乎礼仪，保持一种中正的姿态。练习投壶，难道说不符合治心之道吗？

比较前几种说法见解，最后这种观点的影响更大。投壶在战国时得到相当发展，当时的文人倾向于内心修养，投壶这种从容安详、讲究礼节的活动，正适合他们的需要。

商周的射礼演变成了春秋时期的投壶游戏，投壶开始在春秋时期出现了。

春秋时期的投壶游戏是春秋时期诸侯和士大夫们在宴饮间的一种娱乐活动。它需要有基本的一些器具，如壶、矢、酒、音乐等。

投壶游戏作为一种正规的比赛，具有一定的过程和规则。

而我国最古老的典籍之一《礼记》中就详细地记载了古时的投壶

活动。《礼记》记载，投壶是一种古代礼仪，是春秋时期主人待宾娱
宾的一种方式，一般是主人捧着一束箭，恭候在一旁，然后请宾客依
次持箭投壶。

春秋时期的投壶口广腹大、颈细长。在壶中装满小豆，这可以使
投入的箭杆不会跃出。箭矢的长度以扶为单位，一扶约相当于4寸。箭
矢分5扶、7扶和9扶。一般投壶时，环境光线越暗距离越远，那么所用
箭矢也就越长。

春秋时期的投壶游戏的要求很多，首先，它要求参加投壶的宾
主，包括侍从都要受到礼法的约束。他们不能懈怠、不可傲慢、不准
谈论其他事，否则，就要受到惩罚。

这种对投壶恭敬谨慎的态度，正是我国春秋时期圣人孔子所倡导
的恭近于礼的思想。

其次，投壶游戏的礼节也很烦琐。在投壶之前，主客之间要请让3
次才能进行。开始投壶时，主人恭词相请，一般都会说家中备有"枉
矢哨壶"，要用来娱乐贵宾。

"枉矢哨壶"当然是一种谦称了，其主要是指粗鄙简陋的壶和

箭。而事实上，主人备办的壶和箭都是至精至美的。

客人在投壶时，专门有管计数算筹的人面东而立。如果主人投中一次，计数的人就从装着记数竹签的器皿里抽出一支丢在南面。而如果客人投中一次，计数的人就把竹签丢在北面。

最后由记数的人根据双方在南、北地面上得竹签的多少来计算胜负。两签叫一纯，一签叫一奇。如果主人投中10支，报数时称为"五纯"。如果客人共中9支签，报数时称为"九奇"。

结果，常常是主人胜客人一筹。如果双方得签数相等，叫作"均"，报数时称为"左右均"。这也正符合孔子对礼节形式的重视。

据说在春秋时，子贡对每年表面形式化的祭祀很是不满，他认为那是在浪费食物，而孔子对他说："你认为羊重要，我认为礼才重要。"由此可见，孔子强调了礼仪形式的重要性。

事实上，投壶游戏并不是一般意义上所说的竞技运动，而是兼有儒家修德养性的要求，这才是符合我国古代实际的投壶游戏。

春秋时期，投壶正式形成之后，人们又开始说"雅歌投壶"这个词，可见春秋时期，人们在玩投壶游戏时，一定是要伴奏的。

《礼记》中记载，当时伴奏的是《狸首》，这只是一种音乐节奏，不含歌词。不过这种音乐已经失传了，不知道是什么样子，但是作为一种娱乐，不可能是仅有这样一首音乐来伴奏的。只要能够仔细地分析当时的环境，应该就能大致分析出投壶时的音乐种类。

因此，在这么一项讲究礼仪与秩序的竞赛活动中，所演奏的音乐应当既典雅又不失活泼，因为在宴席上投壶也只是作为娱乐形式存在的。在考据古人投壶时所用的音乐时，必须要考量春秋时期的主要音乐，再从中找出适合当时投壶活动的音乐。

春秋时期的官方音乐，其范围大致出不了《诗经》，因此只在《诗经》中进行分析就行。《诗经·小雅》中的《鹿鸣》《白驹》分别为君主宴请臣子和主人挽留宾客的歌乐，表现了当时宴会上和睦融洽的气氛。这两个乐曲雅致轻快，如果用在投壶游戏时，应该是没有问题的。

《诗经·国风》的《采蘩》是描写有关祭祀的事宜的乐曲，这种音乐也应显得比较典雅、端正。因此在正式的宴会场所，也是适合投壶游戏的。

《诗经·召南·鹊巢》描述了古代贵族女子出嫁时盛大而喜庆的场景，节奏应该是欢快、热闹的，这首乐曲可以用来助兴。《诗经·驺虞》热情洋溢地称赞了猎人的射击本领和高超技艺，这用于投壶礼也是十分合适的。

至于《诗经·伐檀》，诗中多反问句，充满质问的口吻，强烈地表达了当时劳动人民对统治者不劳而食的愤慨与怨怒。如果按其内容意义用在投壶游戏上，显然就很不合适了。

所以在投壶礼上不能演奏《诗经·伐檀》，其原因主要是在于它的音乐旋律和歌词节奏并不适合投壶。《礼记·投壶》说道：

投壶的时候，主人命令乐师弹奏《狸首》来进行伴奏。

　　因此，投壶礼仪是对伴奏音乐有严格要求的。而在《伐檀》全诗3章，采用回环复沓、反复咏叹的节奏，诗中句式长短错落有致，每个小节的4字句、5字句等遥相对应，十分整齐，舒卷自如，极富感染力，酣畅淋漓地表达了创作者内心的不平与愤慨。这样的节奏，显然并不适合投壶时的伴奏。

　　关于投壶的文献记载，古籍中记载详尽，极具参考价值。但远古上古时期并没有关于投壶的记载，最早只有春秋时期著名文学家左丘明所著的《左传·昭公十二年》中有一段投壶的记载，就是前面提到的"有酒如渑水流长，有肉堆成山冈"那个故事。不过，这里并没有提到投壶游戏的具体过程。

　　在上古至春秋这一漫长时期里，我国的王公贵族宴饮时设有射箭比赛，进行娱乐，但是活动空间、参与人数不足时，就会做投壶游戏。也就是说，投壶既是游戏也是礼仪。所以，现场的音乐一定不能超越礼的范围。

知识点滴

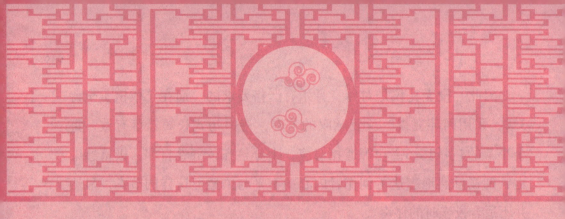

战国盛行的投壶礼法

传说在仙界的大荒山中，有一座巨大的石室。这个石室中，住着一位神仙名叫东王公。他的身形像人，但他的脸像鸟，屁股上又长着一根老虎尾巴。他经常骑着一只黑熊在大荒山中奔驰，十分威风。

而在神仙之中，玉帝是主宰一切的，而东王公也接受玉帝的分派，他主管人间万物的生长。当东王公心情好的时候，天下便风调雨顺，世间的万物都茁壮成长，五谷丰登，百姓都能安居乐业。

但若是东王公发起怒来，人世间不是连年干旱，便是洪水泛滥，到处灾祸不断，百姓流离失所，苦不堪言。

东王公除了定期到天宫去朝拜

玉帝以外，平日都在大荒山的石室中修炼。他十分寂寞，好在他有一个名叫玉女的侍妾，玉女长得十分漂亮，东王公也很喜欢她。为了消遣，他经常同玉女一起玩一个叫投壶的游戏。

这种投壶的游戏，在战国时期的人间也十分流行。一般贵族在酒宴上请宾客玩的一种游戏，他们通常都会设一把特别的壶，主人和客人轮流拿着箭投向壶中，看谁投中的箭多，谁就是胜利者，而谁投中的箭少，他就要被罚酒认输了。

但是，东王公的投壶游戏，要比人间这种壮丽得多。

他在石室中安放着一把巨大的酒壶，他和玉女手中各拿着1200支箭，每掷一次箭，1200支箭同时向壶口飞去。如果这些箭全部投中，上天就保持沉默，如果有一支箭没有投中酒壶，天就会发出嗤笑，这时，人们在下界看到的便是电闪雷鸣。

这是古代战国时期的一个传说，这传说中的投壶是我国战国时期盛行的礼仪游戏。也叫作"射壶"，投壶是我国古代酒宴中经常使用的娱乐器具，是古代传统礼仪文化的重要组成部分。这是一种既可以登大雅之堂，又能在平常人家玩的传统游戏。

投壶游戏是战国时期宴会上的一种助酒兴的娱乐活动，也是战国

时期的重要礼乐活动，是从上至天子下至士大夫在宴饮中常用以娱乐宾客的活动。

在投壶游戏开始之前，人们要首先指定一个司射，也就是裁判。然后，由主人向客人提出邀请，而参加游戏的客人，他们每人手中都拿着4支用树枝做成的箭杆。之后，这些客人站在规定的距离之外，他们依次向壶内投掷。

有时主人为了增加难度，他常在壶内装上了又小又滑的豆子，如果用力过猛，即使客人将箭投入了壶内，也会被反弹出来。4支箭全部投完为一局，每次比赛进行3局，以投中多者为胜，败者则要被罚喝酒。

战国时期的投壶活动富于情趣，又讲究极多。宾客按照顺序持箭投壶，他们决出胜负后，负者便责无旁贷地按规定饮酒，而且不能耍赖。

在饮酒时，一旁助阵的乐工还要兴致高昂地齐奏古乐《狸首》，那场景极为热烈。饮酒的人要恭恭敬敬，他们跪着端起酒杯，然后一饮而尽，称为"赐灌"。

投壶赢的人也要郑重其事地跪在一边，称为"敬养"。当然，这些都是战国时投壶的规定。而投壶进入普通百姓家成为他们平时的游戏后，礼的作用便削弱了，仅仅是出于娱乐助兴，也就没有了这样的繁文缛节了。

最后，主人要为宾客演奏乐曲。在儒家那里，礼和乐总是合在一起说的，事不成，那么礼乐不兴，礼乐不兴，那么刑罚也就不能推行，只有做完了这一切后，整个投壶过程才算完成。

接着可以进行下一轮了，投壶一次接一次地进行，即便嗜酒如命的酒徒也挡不住一次次的罚饮，最后便会烂醉如泥。当然，任何有身份的人都不愿在这样的场合出乖露丑，所以他们都想在投壶中争胜，因此平时古人就对投壶活动进行训练。

其实，投壶是为了追求人与人的相互礼让与虔敬，提倡以君子之风相处相争，同时起到娱悦身心、丰富礼宴娱乐的作用。

据人们推测，战国时期的投壶游戏可以简单地分为3种，标准型、简易型和表演型。三者之间是有一定区别的。

标准型投壶，以《礼记》等礼仪经典的记载为依据，结合现实条件，适当调整，使其成为日常可习可行的民族礼仪与娱乐活动。

简易型投壶，要求尽量简化，使投壶简便易行，相应地使用一些代用品为投壶工具。简易型投壶主要是一种宴饮娱乐活动。

表演型投壶活动，它忠实地复原了经典礼仪和典籍中的记载，对礼器使用、礼仪程序都是非常严谨和规范的。

当古人进行投壶活动时，他们首先得有一定的依据，不能随意。这种游戏在古代有固定的规则，所以可以根据这些规则，进行适当的调整。

　　首先是要进行事前的准备工作。投壶是在宴饮时进行的礼仪，行礼者都应该穿汉服礼服，这是基本的规定。参加的人员主要有主人、宾客、司射和乐工等。

　　主人也就是投壶礼的主持者，宾客便是投壶礼的参与者，司射是投壶礼时具体的指挥者，乐工便是在一旁演奏音乐的人。

　　除了这4种人员，还有有进行投壶游戏的器具，也就是礼器的准备。首先，主人要准备投壶数尊，金属制、陶瓷制的投壶等都可以。

　　一般准备的投壶都在壶中盛以小豆，这样使箭矢投入后不至于弹出来。投壶的标准尺寸是壶颈长0.2米，口径8.3厘米，壶高0.4米，容量5升，壶腹直径16.6厘米。尺寸都是周代规定的，后来战国的投壶直接沿袭了周代的规格。其次，主人还需要准备若干支箭，至少要有8支以上。

　　古礼上要求必须是以柘木制的箭，但古人可以不必拘泥这些，他们用竹、木等都可以，将竹、木削成箭矢的形状。箭矢长0.2米，首端锐，尾端钝。

　　壶与矢是投壶最重要的礼器，它们的制作应该尽量精美。另外还要有若干个"算"。"算"就是进行计数用的工具，一般用竹木的小片就行。

当然，投壶一定要准备美酒和酒杯，以供宾主在投壶游戏中饮酒时用。

等一切器具都准备就绪后，投壶游戏才正式开始。首先是宾主就位，宾主来到各自席位上，标志着投壶活动的开始。

在开始游戏前，主人和宾客要进行三请三让。一般是这样的，主人捧着箭来到宾客面前为了体现古韵，主客问答都需要用古语对答。

主人先说："某有枉矢哨壶，请乐宾。"

宾客回答说："子有旨酒佳肴，又重以乐，敢辞。"

主人又说："枉矢哨壶，不足辞也，敢以请。"

宾客说："某赐旨酒佳肴，又重以乐，敢固辞。"

主人说："枉矢哨壶，不足辞也，敢固以请。"

宾客说："某固辞不得命，敢不敬从？"

等三请三让之后，宾客向主人行拜礼，他们接受主人奉上的4支矢，然后主人答拜，宾主相互行揖礼。当这样礼仪性的活动进行完毕之后，主客回到宾主席上正坐，他面对投壶所在的方位，做好投壶的准备。

这时候，司射把两尊壶放到宾主席对面的席子上，投壶距离主宾席位的距离为两尺左右，分别正对着宾客与主人。然后主人返回自己的席位。

接下来司射向主人和宾客宣布比赛规则，一般规则如下：投壶之礼，需要将箭矢的前端投掷入壶内才算投中，人们要依次投矢，抢先连投者即便投入也不予计分，投中获胜者有权利处罚不胜者饮酒。

当规则宣布完毕后，司射开始命令乐工演奏《狸首》，他宣布比赛正式开始。《狸首》是《诗经》名篇，不过后来失传了，所以可以用琴曲《鹿鸣》来替代，投壶的动作要与音乐节奏要相和。

宾主依次投壶，他们将所有的箭矢投完，也就是一局，然后开始计算成绩。

司射在宾主投壶过程中同时计算成绩，当有投入的人，司射就将一枚算筹放到一侧的地上。宾客投中就放在右边，主人投中则放在左边。

当宾主投完后，司射说："左右都已投完，下面开始宣布成绩。"

这时司射才开始宣布，比如哪个人比另一个人多几纯或者几奇，平局就说结局为均。

当司射宣布完比赛结果，就该到饮酒的环节了。

这时司射说："请胜者为不胜者酌酒。"

此时，胜者开始罚败者饮酒。胜者为败者在酒爵中斟满好酒，然后他们双手奉上，败者接过后必须说："赐灌。"

胜者也要回答："敬养。"这时，败者才将罚酒饮下。当主人和宾客喝完酒后，第二轮投壶才开始，方法同上，直至宾主尽欢为止。

由于标准型投壶相对还是很复杂的，需要相应的器具，所以还有一种简易型投壶方案，便于随时操作。

投壶起源于儒家射礼，因为射礼不易操作，而且诸侯射艺通常不精，于是就采用一种较为简单的方式来代替。因为如果按照《礼记》的规定进行投壶，显然是特别烦琐的。

作为一种日常宴饮的娱乐活动，投壶简便易行就可以了，仍然不失为一种高雅的宴饮娱乐。其实，即便在投壶比较盛行的战国时期，人们真正按照《礼记》上的规定，进行投壶的次数也为数不多。

　　而简易型投壶是在标准型投壶的基础上进行简化，很多古法必需的器具都可以使用一些代用品。首先，投壶可以换做瓷瓶或者水瓶来代替，而有两支箭矢轮流使用就行了。

　　箭也可以用竹子制成，长度在0.2米左右，头端裹上棉布以提高命中率。其中最简单的办法则是用筷子做箭矢，毕竟筷子每家每户都有的。

　　"算"可以用竹签代替，还可以用石子或其他器物代替，甚至演奏乐曲的环节可以省去。只需要开始时主人和宾客相揖后就位，投壶时客人于席上依次投壶，然后用竹签计算成绩，等罚酒时胜者再向败者罚酒，这样过程就简便多了。

　　其实，这个投壶游戏的简化过程方案，基本上也与古法中大致相似，这种简单的投壶游戏对于我国投壶文化的继承是非常有意义的。

　　投壶之礼这种古代礼乐文化具有很强的生命力，这种生命力体现了一种演变和延续。投壶这种礼在长期的发展过程中，礼的成分逐渐减少，游戏娱乐的成分逐渐增加。从有关的文献和出土的实物等方

面，我们可以看到投壶游戏的不断变化。

而历史上的文人骚客也有记载投壶游戏的文章。如《礼记》中的《投壶》篇、北宋著名史学家司马光的《投壶仪节》等。

特别是三国时期一个叫邯郸淳的人写的《投壶赋》，他将投壶者们身手不凡的投技和妙趣横生的场景描写得惟妙惟肖，淋漓尽致。

战国时代投壶之风盛行，战国时著名思想家淳于髡说："在男女杂坐、六博投壶之时，人们可以饮下八斗之酒却只有两分醉意。"可见投壶之戏，竟然可以为古人助酒兴。

其实，他说此话的目的是向齐威王褒扬自己的能力。当时，齐国遭到楚国的攻击，淳于髡临危受命，他被派遣去赵国请来了10万救兵，楚军知道后，连夜引兵回去了。

淳于髡回国后，齐威公为他庆功。在宴会之上，齐威公问淳于髡喝多少能醉时，淳于髡就说了此话。

这些说法虽然都说得头头是道，其实都没有能够脱离注经释义的范围，这大概由于投壶已经载入经典，所以大家只能认定它是"礼"的一种。

投壶本来是产自民间的一种游艺或竞技活动，然后才被纳入礼的范围并加以规范。

后来的晚清学者章太炎在他所著的《经学略说》中说："汉代《礼记》中有投壶的记载，《礼记》的作者西汉戴德和戴圣两个人都是从西汉经学家后苍那里得到的真传。他们知道17篇是不够的，所以他们都在自己的书里加入《投壶》《奔丧》两篇文章。"

大戴戴德有84篇，小戴戴圣有49篇。戴德、戴圣所传同门，为什么《礼记》的篇目会不一样呢？对此，人们的看法不一。

因此有人怀疑，《礼记》是后人伪作的。《伪书通考》《古今伪书考补正》中都有《礼记》是伪书的记载，只不过断言它们是伪作的理由并不充分。

而大、小戴的《礼记》中有关于投壶的记载，文字基本相同。最大的差异是小戴的

《礼记》中有鼓谱，而大戴的《礼记》中却没有。

在战国时期，古文献中还对投壶的时间和地点有明确要求，说投壶要随着光线的明暗有所不同的。

在后来清代张沐所编写的《礼记疏略》中有这样的记载：

投壶有三处，在正午时分要在室内投壶，傍晚时就要在大堂内投壶，天黑的时候就必须在庭院内投壶。

而这段文献中还规定，用于投壶的箭，因在所处的场所不同，规格也不一样。文中说：

筹，室中五扶，堂上七扶，庭中九扶。

其中的筹就是指箭，一扶就是指四指那么长。投壶的壶离投箭的席约7尺。做箭的材料也极为考究，一般箭要用柘木、棘木制成。除此以外，史书中还详细地记述了投壶的术语和规则。

战国时期魏国文学家邯郸淳在他所著的《艺经》中说："投壶以12筹为限，象征一年中的12个月。在投壶娱乐中还要讲究声势，投壶以击鼓为节。"

在关于战国时期投壶的专业考古中，也有很多已经出土的投壶器具值得参考和借鉴。

后来，在河北平山三汲乡战国时期的中山王墓中，又出土发现了一件我国最早的铜投壶。

这件投壶是造型别致的三犀足筒形器，它的底部基座是3只雄姿威猛的矮足独角犀，壶的形状呈圆筒形，两侧附有一幅首衔环。这件投壶遍体饰有生动流畅的细线变形山字花纹，平口深腹。

此壶高0.59米，口径0.20米，筒形腹上有"左使车工本"5个字的铭文。在这件器物刚刚出土的时候，人们并不知道它到底有什么功用，后来专家学者们经过考证断定，这件三犀足筒形器铜器，应该就是古代的投壶。

而《礼记》中所记载的关于青铜投壶的外形，与这件出土的铜器刚好完全吻合。

另外，在三国时期魏国文学家邯郸淳的《投壶赋》中也有"厥高二尺"的记载，记载中的高度和这个铜投壶是一样的，也佐证了这件铜壶就是战国时期的投壶。

而且同在中山王墓中，还出土了一件较小的铜筒形器，高约0.4米，口径约0.1米，器物上下各有一

道斜格云纹，两侧也各有一铺道衔环，半口深腹，中空，这与三犀足铜投壶形制相同，只是没有三犀足。

人们认为，这也是一件小型的铜投壶，这两件器物距今已有2000多年的历史。

其实在战国时期，投壶所用的壶跟酒壶是通用的，一般多是铜质或陶质的。

在河北燕下都遗址中，还出土了一个硬陶壶，它属于仿青铜器式样，它的足部有一约0.02米高的足圈，总高0.31米，这便是一个战国时期陶瓷的投壶。

而在诸城臧家庄战国古墓中出土的一件青铜投壶，被专家鉴定为国家一级珍贵文物。

通过这个已经出土的投壶，可以得知，古代投壶的外形如同日常生活的酒壶和水壶，它口阔，肚大，脖子细长。而诸城出土的这件投壶无论造型设计，还是铸造工艺，都别具一格。

该壶高0.35米，口径0.34米，它采用了直筒式的外形，口、颈、腹连为一体，这打破了壶的传统形式，给人以面目一新、超凡脱俗的感觉。

这件投壶的壶身奇特，花纹装饰都采用镂孔透雕、平面底纹、素面宽带3种方式相间组成。它的瓶身层次分明，繁而不乱。它的腹壁外侧装着两个对称的铺首衔环，底部采用二层台式的高圈足，犹如给壶装上了一个稳定的底座。

这件投壶圈足采用镂孔透雕装饰，与壶身上的纹饰上下呼应，相得益彰。这件投壶在制模铸造时使用了先进的内外合范工艺，一次浇铸成功，壶壁厚薄均匀，造型规整，纹饰清晰，自然流畅，是古代青铜器中难得的精品，充分表现出了工匠们高超的铸铜技艺。

在山东长岛，曾经出土了一件战国早期的刻纹提梁壶。这件投壶在制模铸造时使用了先进的内外合范工艺，一次浇铸成功，壶壁厚薄均匀，造型规整，纹饰清晰，自然流畅，是古代青铜器中难得的精品，这也充分表现出了战国时期工匠们高超的铸铜技艺。

此外，这壶身还刻有一幅投壶图，画面上投壶者的投掷动作正处在紧张投出的那一瞬间，这幅画把《礼记》中所描述的情景定格了下来，生动再现了战国时期的投壶活动场面，也从一个侧面印证了当时投壶活动的流行。

知识点滴

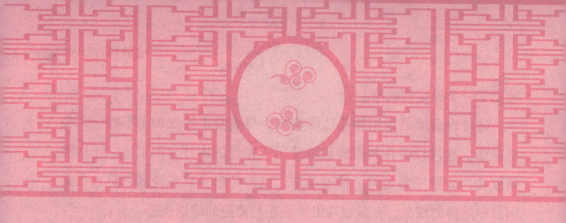

汉代投壶的改进与发展

西汉建元三年，也就是前142年的一个冬天，江陵有个名叫申屠的书生，他虽然才19岁，但很有才华。没多久，申屠的才学被朝廷认可，朝廷派他去北方当个县尉，他便独身从江陵北上了。

申屠赶了两天路，第三天黄昏时分，他行到一个山林处，突然遇到了大风雪。这里距离前面一个驿站路途还很遥远。狂风暴雪里，申屠澄赶路赶得筋疲力尽，他身下的驿马也驻蹄哀鸣，不敢再往前走了。

申屠四处望了望，他忽然发现前面白雪压盖的树林里有一间茅屋，茅屋上的烟

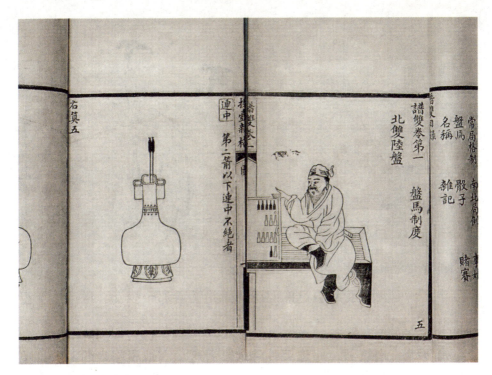

囱里还不断吐出烟气。

申屠喜出望外，他牵着马去叩打那茅屋的木门。一个老人打开了门，茅屋内窄小紧隘，堂屋中央生着火盆，火盆中木炭红亮如铜，火盆旁边，还坐着一个50来岁的妇人与一个十七八岁的少女。

老人殷勤好客，他一脸红光热情地招待申屠。那老妇人去内屋里取来腊鸡腊肉之类，她在火盆上架起吊锅，与少女一起做晚饭招待申屠。申屠与老人饮酒谈笑，很是融洽。

因为那老人一家都住在山林之内，并没什么见识，他们听申屠讲外面的事情很是高兴。

外面虽然是冰天雪地，但申屠坐到沸腾的火锅旁边，与老人一家谈天说地时，他总是偷眼去看那个坐在炉边的少女。申屠只觉得她肌肤如雪，脸如芙蓉，虽然那少女穿着一身粗布衣裳，但无论容貌还是

气质都显得端庄秀美，卓然出尘。

申屠一时无法管住自己的眼睛，总是去看那个少女，讲话也变得吃力起来。

那老人一边饮酒，一边笑吟吟地盯着这个雪地里闯来的客人，他很喜欢这个有才华的小伙子，决定要他做自己的女婿。

于是老人便对少女说："闺女啊，你来陪客人喝两杯吧！"

那少女羞涩地举起酒杯，很快几杯酒下去，她的香腮上便飞起了两片嫣红。

老人决定成全他们，他便佯作醉酒，将酒杯扔到地上。他垂下头伏在几案上，装出打鼾的声音。老婆子扶着老头子转到内室睡下，他们将申屠和少女丢在火盆旁边。

申屠呆呆地望着少女，却不知道该说什么。少女因为矜持，也没有说话，气氛显得很是尴尬。

申屠四下一看，他见少女家中柜子上有个水瓶，窄口宽腹，很是精致。申屠灵机一动，他举起筷子对那少女说："不如我们来比赛，我们用筷子去投那柜上的水瓶，每人投10次，谁若是输了，便要唱一首歌。你觉得怎么样呢？"

少女玩性心强，她含笑点了点头。两人便站起来，他们举着筷子隔出7尺左右，开始往水瓶中投掷筷子。

因为申屠学过射箭，投筷子这点小事自然难不住他，很快他就10投10中了。申屠的本事深得少女的喜欢。只不过少女就不行了，她投10次才投中两次，气得嘟起嘴，怨那瓶子口太小了。

申屠笑呵呵地教少女怎样去投，他将投壶的姿势和手法都教给少女。果然少女学了之后，10次能投进六七次呢！

少女很喜欢这个游戏，她也崇拜申屠的学识渊博和精通射术，对申屠已经动了芳心。她又通过投壶这个游戏，跟申屠的关系更加亲近了些，于是她也敢与申屠谈天说地，言语中充满了爱慕之情。

申屠用投壶吸引了少女的兴趣，还得知了少女的心意，他很是高兴。第二天清早，申屠向少女的父母求婚，果然喜结了良缘，成就了一段才子佳人的佳话。

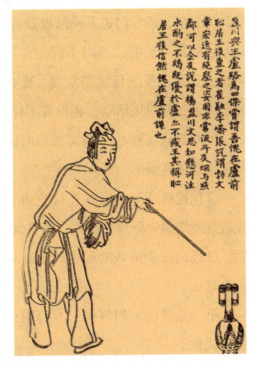

这是我国汉代的一个小故事，说明了在两汉时期，人们通过投壶活动来联络感情，亲密关系，也说明了投壶游戏在汉代的普及。

至汉代，关于投壶的记载就多了起来。西汉皇族淮南王刘安主持撰写的《淮南子》里也提到了投壶的游戏。西汉时期著名史

学家司马迁的《史记》中，也专门记载了投壶的盛况，在《史记·滑稽列传》里，还专门讲了一段投壶的故事。

这些记载说明，当时不仅在宫廷之中有这种投壶游戏，就是在民间投壶也有广泛的传播和发展。而且当时在民间传播的投壶游戏，也完全成了一种娱乐活动，再没有了什么礼仪的性质。

民间投壶虽然成了纯属娱乐的游戏，但在士大夫阶级，投壶游戏却变得更加高雅了。

汉代投壶逐渐从宴饮礼仪变为上流社会的高雅竞技，投壶所用的壶也逐渐跟酒壶分离了出来，而且式样也明显增多了。

汉代的投壶游戏的玩法和形制与春秋战国时期相比，都有了不少的改进。

第一是汉代人们制作了专门用于投壶游戏的壶，而不再简单地用酒壶代替了。

后来长安出土的西汉时期水波纹原始瓷投壶，高0.26米，腹径0.17米。投壶圆口，颈部极高，呈管状，肩部下斜有青釉，也有垂釉现象。它高圈足，颈部与肩部都有弦纹和水波纹装饰。该投壶历经2000多年还保存得如此完整，实属罕见。

第二是用于投射的箭不再只是箭杆，而是改用一种特制的竹箭。在这种改进的基础上，投壶游戏的投法也创新了，汉代人们发明了一种名为"骁"的玩法。其实，也就是利用反弹力的投法。

因为原来在投壶时，人们为了防止投入的箭因弹力掉到壶外，他们专门在壶内装上小豆。而用"骁"法进行投壶时，则不仅不需要在壶内装小豆，而且故意让壶的内壁把箭反射回来，这样用一支箭就可以反复投壶了。

后来南阳沙岗店出土的东汉画像《投壶图》，就生动地刻画出了当时的投壶情景。这时所用的投壶，已接近后来贯耳瓶本体的形状了。

东汉古籍中在写汉代投壶形制时这样说：

厥高二尺，盘腹修颈，
饰以金银，文以雕镂。

由此可见，此时投壶的壶是专门为投壶游戏精心制作

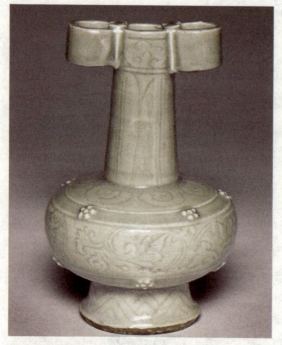

的。这种壶高0.6米左右，这已经比先秦时高了近0.2米。

还有，陕西出土的汉代褐釉浮雕狩猎纹陶壶，高0.42米，口径0.16米，从它的形状上来看，其实看起来更像是投壶。

因为古籍中记载，东汉末期，还出现了高0.36米，口外径0.11米，内径约0.09米的投壶瓶，它跟东汉时期画像石《投壶图》上所刻画的汉代投壶非常相近。这种投壶瓶的出现，也为以后贯耳瓶的诞生奠定了基础。

在汉代，投壶成了社会上层不可缺少的活动，汉代《古歌》写道：

主人前进酒，弹瑟为清商。
投壶对弹棋，博弈并复行。

汉代人们将投壶和雅歌联系在一起，这说明了投壶已经成为王公贵族和宦官们生活的重要组成部分了。

当然，投壶游戏作为汉代礼仪的一种，它完全是儒家文化的一部分。投壶本来是一种非常严肃的事情，但由于它出现的场合一般都是在酒宴上，所以也逐渐增添了其他的文化因素。

特别是道家思想与儒家思想由纷争逐渐走向融合，这也给投壶这种游戏活动增加了很多道家的东西。

随着道家的宗教化，投壶游戏也逐渐出现了宗教化倾向。投壶游戏的宗教化倾向，是与我国礼乐文化的逐渐衰落有关的。后来，随着周王朝及其礼乐制度的逐渐衰落，汉代的投壶活动逐渐在民间普及，出现游戏娱乐化倾向。

不仅民间，而且皇帝和官员们也常常参加投壶游戏，这让投壶活动的传播更为广泛了。

汉代著名文学家刘歆在他所著的《西京杂记》中记载了汉武帝非常喜欢投壶游戏的事，当时的郭舍人就是因为投壶技艺高超而非常得宠。

《东观汉记》里还记载了投壶游戏在军队里流行的情况。当时很多将军们进行宴饮，一定会进行雅歌投壶。《后汉书·祭遵传》也有类似的记载。

当时，贵为将军的祭遵，在选拔人才时把投壶当作其中的一项测试内容，在投壶时还一定要奏雅歌。

这一切都表明，投壶游戏在汉代非常流行，普及性也更强了。西汉时期，投壶活动开始融入丧葬文化里，成为宗教信仰仪式里一种对吉祥隐喻的表达。

汉代画像石和画像砖在墓葬内具有宗教信仰与神圣仪式的功能，汉画研究学界普遍认为应是道教在萌芽产生和初步发展时期对世俗丧葬观念发生影响的结果。所以，《投壶》图不仅是现实生活的反映，更具有宗教仪式意味。

在河南省南阳出土一个汉代投壶画像砖，画面的正中立着一个壶，参与投壶的人有宾主各一人，他们都是一手抱着一捆箭，另一只手拿着一支箭，做出一个准备投壶的姿势。

这时的投壶之中已投入两支箭，壶的左边还放着一个三足酒樽，里面放着一把勺子，参加投壶游戏者跪坐在壶的两侧，两人之后还分别坐着几个观看的人。

至汉代投壶作为一种游戏更为广泛，礼的成分逐渐减少了，玩乐的成分增多了。在南阳画像的投壶画面中，投壶者和观众可以随意而坐，有走动的人，也有笑的人。

投壶游戏随着时代的推移，其中掺杂的古代礼乐制度逐渐衰落，但投壶游戏中的礼乐文化却没有消亡。商周的礼乐制度通过汉代投壶游戏的改进和发展，被汉代时期人们完整地继承下来了。

知识点滴

河南省南阳汉画馆所藏的东汉《投壶》画像砖，画面上中间有一壶，里面有投中的两支矢，壶左有一个三足樽，上面还有一把勺子，用来舀酒，两边跪坐着两个人正在投矢。

旁边还有旁观者，左边有一个瘦小的人，站在那里侍候，可能是仆人。其中一个投壶的彪形大汉，他已经有些醉态了。可见这幅投壶画像形象描绘出了汉代投壶场面的整体氛围，其中人物情状的栩栩如生，更是令人叹为观止。

事实上，这幅《投壶》图绝不仅仅是对现实生活的模仿和再现，因为该画像砖被安置在墓室里，具有一定的宗教信仰、神圣仪式之功能。

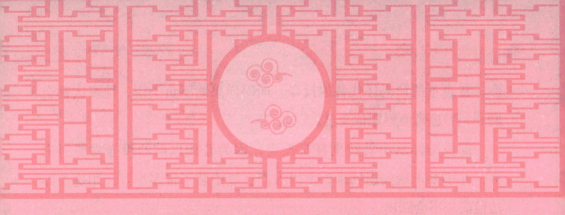

魏晋时期投壶道教化过程

在西晋永熙年间，皇都洛阳宫廷中很流行投壶游戏。当时有一个投壶高手名叫冯佯，他在当时无与匹敌，全国上下都没有人能在投壶游戏中胜过他。所以晋惠帝司马衷对他非常宠幸，将他留在宫廷中做官，作为自己的门客，每日只是让他陪自己玩投壶游戏。

冯佯比其他所有的投壶者都要厉害，他技高一筹，甚至可以百投百中，竟然没有一次落空。

晋惠帝对冯佯的这种儒雅和技艺极为赞赏。每次宫廷宴会，晋惠帝便命冯伡代替他投壶。而冯伡果然不负圣望，他每次都会胜利，晋惠帝便厚赐他金帛。

据说冯伡从小就特别喜欢投壶，因为晋代以前的投壶需要射进去，并不要求箭矢返回来，所以人们在壶中装了很多小豆，用这个办法使箭矢不会跃出。

然而，冯伡却想出了一个新的主意，他把原来的木矢改为了竹矢，而且他还倒掉了壶内的小豆，这样就可以在投壶的时候，让矢重新回到自己手中。也就是说，利用箭矢的反射能力，让箭矢投中壶之后，再借力反弹回来。

冯伡利用这种技巧，他可以用一支箭矢投很多次，甚至可以达到上百次之多。

晋惠帝最喜欢看他投壶了，也正是因为这样，冯伡每次为晋惠帝投壶，总能让晋惠帝开心。因此，他也总能得到晋惠帝赏赐给他的金帛。

在魏晋南北朝时期，人们废除了射礼，从而投壶也就变成了一种宴宾的娱乐。晋惠帝最喜欢投壶，由此也爱屋及乌，所以他同样也喜欢善投壶之人。

在魏晋时期，人们投壶技艺明显都提高了，投壶的技法和花样不断翻新。一方面说明了人们对投壶的重视；另一方面也说明了，人们对投壶游戏已经有了长时间的经验积累。

南北朝齐梁时期是一个娱乐大行其道的时期，由于社会上层的身体力行和乐此不疲，投壶风气一时大为盛行。

六朝时代，以前的投壶游戏活动被发扬光大，花样不断翻新，创意和水平也上了一个新的台阶，这也使得社会的休闲生活空前丰富多样，色彩斑斓。

齐梁时期的投壶活动，由于前代的积累和传承，已经非常丰富了。齐梁的投壶游戏十分普及，还出现了许多新的技法。

很多投壶高手都能一箭连投40余次，甚至有人还能在壶外设置障碍，隔障投壶，据说从来就没有失过手，可见他们的手段不是一般人能比的。

南北朝时期的大才子柳恽，他的投壶技艺也非常高超。柳恽曾经一箭连投不绝，在当时被称为"神投"。而其他的投壶高手，还有东晋的名士王胡之，他投壶的时候，熟练到根本不用睁眼，可以闭眼投壶。

这些高手的出现，说明了当时投壶的多种技法，真是花样翻新，出神入化。

在魏晋南北朝时期，投壶不仅儒雅，还很有技巧，因而极有趣味性。那时的人们广泛开展投壶活动，也使投壶器物和规则有了很大的

发展。晋代的投壶在东汉壶型的两尺高度的基础上，也进行了改进。

晋代投壶为了增加花样，还在壶口两旁增添了两耳，耳口比瓶口略小，于是投壶就有了"依耳""贯耳""倒耳""连中""全壶"等技法。

在这一时期，宫廷和民间的投壶高手辈出，晋代著名文学家孙盛在他所著的《晋阳秋》中说，晋代的投壶高手技术非常好，他们甚至闭着眼也能进行投壶。

这时的投壶用的壶才是贯耳瓶。贯耳在这里指的是一种晋代的投壶技法，晋代以前根本没有"贯耳"的投壶技法，所以之前用来投的壶也不能称之为"贯耳瓶"，充其量只能称之为"管耳瓶"，这两种耳的作用却是完全不同的。

在三国时代的魏国，投壶活动继续向前发展。至晋代，投壶活动更为流行，而且成为清谈玄学士人必会、贵族争相推崇的活动。由于投壶活动经常举行，以至于擅长投壶的高手越来越多了。

在晋代，有的人竟然可以隔着屏风投壶。史籍《晋书》中说，石崇有个歌妓非常善长投壶，她可以隔着屏风就能投壶，甚至闭着眼睛也能将箭矢投入壶中。

在其他古籍中，也有关于投壶的记载。特别是史书《南史》中的记载，当时齐竟陵王因为投壶，甚至连上朝都迟到了。

上朝迟到在封建社会可是了不得的大事。齐武帝当时非常生气，可是他听说竟陵王是因为玩投壶游戏而来晚的时候，不但没怪罪，反而赐给他20匹绢。可见在南北朝，投壶之风是多么盛行。

在南北朝时期，著名文学家颜之推写了一本《颜氏家训》，它是以修身齐家而闻名的著作，但是在其中也有关于投壶的详细记载，还对投壶新的发展进行了细致的描述。

众多史籍表明，两晋南北朝时期门阀士族宴饮成风，这一社会风气在投壶活动的发展中起到了推波助澜的作用。

两晋南北朝时期也成为继两汉后投壶的又一兴盛时期，在这一时期，投壶成为普世追求、民众热慕的活动，这也为投壶融入道家文化奠定了群众基础。

然而，投壶活动在从两汉到魏晋发展的最大转变是，投壶受到了道教影响，并在晋末基本完成道教化，从此，投壶成为我国道教文化的重要内容。其实在之前的东汉晚期，随着道教的萌芽、产生和发展，投壶活动已经进入道教文化的视野。

当然，投壶在诗文歌赋中也有不少体现。三国时期，建安七子之一的王璨就在他所著的《棋赋》中，提到了投壶游戏。晋代文学家李尤也有《壶筹铭》，其中也详细写到了投壶游戏。这些文学作品都非常明显地表达了求道、崇尚自然的玄学思潮对投

壶的影响。

这也标志着投壶活动广泛进入玄学名流的视界，从此，投壶就带有谈玄、学道乃至求仙的思想倾向。这正是道家思想深刻影响投壶的结果，也是道家思想和道教文化空前发展的显著例证，说明了投壶具有强大的包容力。

还有，确切的史料表明，在此时投壶活动的确已经成为学道求仙的一项重要途径和内容。

东晋时期著名的道教理论家葛洪在《神仙传》还说："玉女投壶，天为之笑"。这句话的意思是说，玉女在玩投壶的时候非常高兴，她一投进，连上天也禁不住开心地笑了。

在这些文献中，投壶不再仅是普通百姓的游乐活动，也成为仙人经常进行的活动，成为仙界生活状态的一种象征。这恰好勾勒出了投壶活动进入仙界视野，以及投壶者身份仙化的程度，同时，这个过程也越来越清晰了。

不仅在中原地区投壶活动道教化普遍存在，远在西北地区的敦煌也有类似的记载。敦煌莫高窟出土文献的写本里就有投壶问道求仙的诗歌。

古代佚名所写的《涉道诗》中有一首诗叫《卫叔卿不宾汉武帝》。这首诗就是借仙家史迹把投壶作为题材，用来对汉武帝进行劝诚的诗歌。这首诗写道：

> 銮殿仙卿顿紫云，武皇非意欲相臣。
> 便回太华三峰路，不喜咸阳万乘春。
> 涉险漫劳中禁使，投壶多是上清人。
> 犹教度世依方术，莫恋浮华误尔身。

由此可见，在晋代道教推崇的清谈理想中，投壶游戏乃是众神的游戏，它象征着飞升仙居的生活。所以在两汉魏晋时期，投壶游戏被融入丧葬习俗，也包含有死者弃世仙游，去品享投壶仙境的仙家旨趣。

前两句诗句里面提到了卫叔卿的典故，据说他是位仙人，在史书中有传可考。晋代文学家葛洪在《神仙传》中专门对他有过记述。

诗中还说到了上清代人，也是古代的仙人。其实，上清是天上的一个区域，八皇老君和九天之仙，他们都住在上清宫里，其中最有名的神仙是太上老君。

因此，这诗无论是语言方面的遣词造句，还是内容方面的主题素材，都是一篇质量很好的道教诗歌作品。由此可见，投壶活动在魏晋时期完全被纳入了道教视野，成为道教

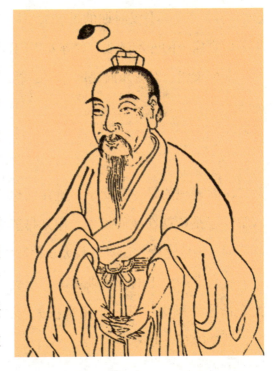

仙境的文化象征。

总之，投壶原本是一种风雅礼仪，它属于贵族阶层的高雅文化，但它真正广泛流播、普及到民间其实也是在魏晋时期。

但是投壶发展到顶峰阶段时，在思想层次上也发生了新的飞跃，这就不能不归功于崇尚老庄和玄学大兴的魏晋时期，也不能不归功于道家思想和道教文化的强大包容力和持续创新性。

正是在这样的一种氛围之中，投壶游戏获得了一种新的宗教文化内涵。其实，投壶的社会风气在南朝和北朝之间也是相互影响的。

据颜之推所著的《颜氏家训·杂艺》中记载，当时北朝的投壶也是花样繁复，单是当时投壶的名字，就有"倚竿""带剑""狼壶""豹尾""龙首"等众多别名。

只要看当时投壶的名字，就能知道当时投壶有多少创新发展，这已经与周代甚至秦汉时期的投壶大不一样了。当时的投壶游戏不仅是男人们宴席上的专利游戏，就连女人们也加入到了这项活动中来。

南朝梁代，有首乐府民歌《华山畿》，内容是这样的：

夜相思，投壶不停箭，忆欢作娇时。

民歌表现的是一位女子，她在回想与情郎的欢洽情景，久久不能入眠。于是她就在夜间投壶，用来排遣思念之情。可见在当时，投壶已经深入闺闱之中，而且日益大众化和娱乐化了。

后来洛阳出土的晋代画像砖《投壶图》中，清晰地描绘出当时的投壶情景。画像中部一个用来投矢的壶，一个酒樽，壶内有两支箭矢，酒樽内有一把勺。

在鼓乐声中，宾主两人正举矢投壶。投入壶中的人为胜利者，投不中的人是输家，胜利者要对输者要进行罚酒，由旁边的司射来进行裁判。

图中有个彪形大汉好像一直是输家，他饮酒有些过量，醉醺醺地瘫地坐着，面部表情非常难看，正被人搀扶离席。中间的两个人跪坐两旁，一手怀抱数支矢，一手执一支矢，他们以壶口为目标，全神贯注，正用箭矢在玩投壶。

所以，在晋代以投壶输赢来赌酒已经非常流行了，这时期的投壶已经真正成为没有礼节约束的"酒令"了。人们利用投壶游戏尽情地玩，尽情地喝酒。因此，晋代的酒席娱乐，一定是雅歌投壶，这是晋代人们饮酒时的习惯。雅歌与投壶合而为一，是当时一种高雅的活动。

魏晋南北朝时期的人们对投壶颇为迷恋，更加挖掘投壶消遣娱人的功能，这也是这一时期对投壶活动的重要贡献。

由于投壶盛行，这一时期，还出现了专门的著述。先是三国时的邯郸淳，他写了篇《投壶赋》，后来晋人傅玄、李尤也写有《投壶赋序》《壶筹铭》等，此外还有很多，只可惜后来都遗失了。

南朝时期以社会上层为倡导，在相对偏安的环境下，人们在闲暇中通过投壶游戏娱乐性情，他们追求投壶游戏的娱乐性，这也将投壶的娱乐功能发挥到了极致。

至南北朝时期，投壶游戏进一步得到普及与发展，开始由官府走向民间，甚至还包括了住在深宅大院的妇女。

迄今为止，还没有出土过有关晋代至南北朝时期的陶瓷贯耳瓶，这可能是由于当时的瓷器生产技术还处于发展起步阶段，而那时投壶所用的贯耳瓶一般都是铜质的，瓷质的数量还非常少。

魏晋南北朝时期，皇宫深深，寂寞浓浓，宫廷里里既有普通百姓享受不到的荣华富贵，也有其不堪承受的礼仪之重。没有特殊情况，一般下至宫女，上至嫔妃和皇帝都轻易不能离开皇宫半步。

在如此多的时间，都耗在一个皇宫之内，任谁也会厌倦。于是，宫廷游戏就成了他们闲暇之时不可或缺的内容。在我国古代的皇宫，最流行的游戏不下数十种，其中很重要的一种便是投壶。

由于投壶不需耗费太多的体能，因此受到了宫廷中高贵者的欢

迎，所以在上层贵族间颇为流行。

　　我国的宫廷宴饮中也很盛行投壶，即便不是宴饮聚会，闲暇无事的宫女嫔妃们也会以投壶自娱，消磨光阴。宫中的壶和箭都很精美，制作工艺细致绝伦。

　　皇帝有时也会禁不住韶光美景的诱惑，也会在殿中、室外和厅堂玩投壶游戏。皇帝通过小试身手，以投壶游戏寻点开心。当然，更多的时候，至尊至贵的皇帝和皇后，他们是坐在龙凤宝椅上，一边品着美酒，一边欣赏着伶官、侍从和窈窕宫女们投壶的。

　　投壶在晋代时是一种儒雅的活动，通经博学的儒士们都很喜欢它。投壶随着在宫中盛行，渐渐也被达官显贵和儒雅博学的士大夫所接受，甚至于武臣宿将也迷上了投壶。

　　据说在三国时期，大王公袁绍经常和侍从投壶。甚至在打仗时，他依旧谈笑风生，继续与人进行投壶游戏。袁绍的这种临危不乱和处变不惊的大气，赢得了部下的崇敬。

古籍中记载了晋代雅士的燕饮投壶，其中这样说：

> 即便是在外出征的将军，他也非常了解儒术，也一定会玩投壶游戏。将军们在喝酒娱乐的时候，一定要雅歌投壶。哪怕是在军队之中，在前线打仗，也不能忘记这样的活动，因为这表示了对王室的尊敬。

据后来唐代古籍《艺文类聚·巧艺部》中的记载，三国时著名文学家邯郸淳对投壶就极有研究，他写了一篇1000多字的《投壶赋》，还拿这篇赋上奏给魏文帝。魏文帝同样爱好文学也喜欢娱乐，他觉得《投壶赋》写得很有功力，就赏赐给邯郸淳1000匹布帛。

这也表明当时的国君对于投壶游戏的重视程度，但在这篇赋文里所记述的魏时的投壶风俗已经与《礼记》所载情况很不相同了。邯郸淳的《投壶赋》，现存的只有389个字，其中这样说：

> 敬不可久，礼成于饫。乃设大射，否则投壶。

赋中写名匠所铸的壶很华美，以金银作为装饰，壶高6尺，圆肚长颈。但是《礼记》中说是二矢半，东汉著名文学家郑玄在注释中说："壶离座二矢半，就是间距7尺的意思"。这也说明了魏晋时期与先秦时期的投壶距离是一样的。

关于投壶时箭矢的数量，《投壶赋》中说："矢惟二四"。也就是说箭矢有8支。后来清代文学家王文锦在《礼记译解》中解释说，"矢惟二四，即每人四矢"。数量也是一样的，因为有两人在投壶，最后还是8支箭矢。

至于箭矢的形状，在《投壶赋》里，箭矢是前粗后细的，也没有羽毛。《礼记》中并未直接明言，不过箭矢是用木头做的，不用去皮，也没有羽毛，和射箭时用的矢是不一样的。

邯郸淳的赋文所记投壶虽不如《礼记》那么具体，但过程大致是一样的。另外，邯郸淳在赋中还讲到了投壶的功用，说它既可以达到活跃气氛的目的，还能够起到宣传国家政治礼仪的目的。

魏晋时的玄学大师王弼生性豪迈，放荡不羁，而他也尤其善于投壶，他也记述了当时的投壶时尚，推动了投壶的发展。

事实上也正是如此，一代玄学大师王弼确实喜欢投壶游戏。何劭在为王弼写的传中这样说："王弼喜欢研究有关周易的理论，他最喜欢喝酒玩乐，尤其擅长投壶游戏"。

这表明了投壶在晋代人们心目中的地位很高。因为在玄学盛行的晋代，能够与《周易》放在一起让玄学大师喜欢的活动，一定是非常了不起的。

知识点滴

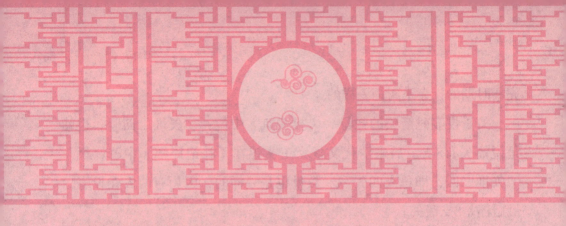

唐宋后投壶的起起落落

715年，唐太宗李世民登基称帝的第三年。有一天，鄂国公尉迟恭上早朝时竟然迟到了。

尉迟恭，字敬德，是唐代的著名大将，凌烟阁二十四功臣之一。

尉迟恭面如黑炭，年少时以打铁为业。隋朝末年，尉迟恭参了军，他以武勇著称于世，曾经做过将军。

后来秦王李世民与尉迟恭对战时，曾经降伏了尉迟恭。但李世民宅心仁厚，对尉迟恭说："你如果愿意呢，就留下来帮我吧！如果不愿意，那我也可以给你一笔钱，让你离开。"

尉迟恭那时候因为有老母在

家，于是便请李世民放他回家。

李世民给了尉迟恭一笔钱，让他回家赡养老母。后来没过多久，李世民在战场上身陷重围，尉迟恭得知后快马加鞭前去解救，他冒死杀入重围，解救了李世民的性命。

李世民很是感动，非常器重尉迟恭，从此他便成为了李世民的左膀右臂。

后来李世民做了皇帝，史称"唐太宗"，他封尉迟恭做鄂国公，还封尉迟恭做大都督。但尉迟恭却依仗着自己曾经救过李世民，居功自傲，与大臣们关系很不好，所以也就不把早朝迟到当回事。

早朝迟到在大唐王朝那根本就是欺君之罪，按律要处刑的。唐太宗李世民也非常生气，群臣们也一个个气愤填膺，反观尉迟恭却毫不在意。

李世民生气归生气，他虽然很想处罚尉迟恭，但心中仍是放不下当年尉迟恭舍身杀入重围救了自己的事，他便想放过尉迟恭一马。但是群臣们异常气愤，他们纷纷要求严惩尉迟恭。

李世民不敢违背众人的意愿，却仍想就此放过尉迟恭。他在进退两难之际，突然灵机一动，想起了尉迟恭最喜欢玩投壶游戏了，也知道尉迟恭驰骋沙场多年，弓射娴熟，自然投壶的技巧也非常高超，百投百中也是平常之事。

于是，李世民便想用投壶当个幌子，一来给尉迟恭一个台阶；二来又可以使众人不再指责尉迟恭。

他想到这儿，便和声问尉迟恭道："爱卿怎么上朝迟到了？你是不是最近又在练习投壶？"他一边说一边冲尉迟恭使眼色，好让尉迟恭顺着自己的意思往下说。

尉迟恭见群臣们众口一致要求严惩自己，他知道这次犯下大错了，又见太宗一边说投壶一边使眼色，他便跪地回答道："微臣确实是今天早晨玩投壶时入了迷，竟忘记了时间，以至于误了早朝，犯下重罪。还请圣上恕罪。"

李世民说："爱卿玩投壶不要紧，但误了早朝却是大错。不过朕也喜欢投壶这个游戏，可见爱卿与朕是同道中人，朕便给你个机会，检验一下爱卿投壶的技巧，看看爱卿到底是不是玩投壶玩得忘了时间！"

李世民唤侍卫取来投壶、算筹和箭矢，又让乐工在一旁准备奏乐。

李世民说："朕这次给你个机会，让你在殿上展示你的投壶技巧。如果你投10次能全中，朕便相信你是玩投壶误了时间，若有一个不中，朕便不能饶你！"

尉迟恭起身接过箭矢，在乐工伴奏下，轻而易举便投中了10次。

李世民笑着说："爱卿真是一手好技术啊！朕信守承诺，这次便饶你一次，以后可千万不要再误了早朝了！"

尉迟恭急忙点头应承，他发誓以后不会再因为玩投壶误了早朝。大臣们虽然还很生气，但毕竟太宗一言既出驷马难追，他们也不好再说什么了。

等早朝过后，李世民将尉迟恭唤到后堂，让他陪自己玩投壶。

在玩投壶的时候，李世民语重心长地对他说："爱卿啊！国家的大事都在赏赐和处罚里体现，有功要赏，但有错必须要罚。今天我念在当年你救过我一次的情分上，帮你挡了这顿处罚，但你以后绝不能再居功自傲，要善加修身养性，不然等到下一次再后悔可就晚了。"

尉迟恭很是感激，他唯诺地答应了下来，从此以后再不敢居功自傲了。

投壶运动是唐宋时期那些士大夫爱玩的游戏，它是射礼的简化，不过还是有些复杂了。因此即便它要退出历史的舞台，它所承载的文化内涵也是无比浓厚的。

当然，投壶之壶有陶制、铜制、铁制和瓷制的。在考古实物资料中，明清时期的投壶较多，也有宋元时的投壶器物。

其实，投壶到了隋唐时期，就已经非常普及了，以至于投壶专用的贯耳瓶需求量大增。这一时期陶瓷技术发展很快，相继出现了像越窑青瓷、邢窑白瓷、鲁山窑花釉瓷、巩县窑白瓷与唐三彩、邛窑彩

绘及单色釉瓷、长沙窑彩绘瓷等，这些陶瓷的新技术的产生都对投壶的发展起到了至关重要的作用。

陶瓷贯耳瓶作为投壶器具和精美的艺术品，在隋唐时期受到官府、豪门、士大夫阶层，以及社会玩家的青睐，这自然是不足为奇的。

后来，在长安出土了一件唐代邛窑的写意牡丹纹大贯耳瓶，此瓶高度有0.44米，这跟汉代文学家邯郸淳所写的《投壶赋》中的"厥高二尺"基本一致。它周身绘着两幅无骨写意牡丹画，这也意味着唐代初创的写意花草画首次运用到投壶贯耳瓶中。

这个写意牡丹纹大贯耳瓶，是1000多年前的投壶用器。它为研究唐代投壶，提供了实物依据。

还有，后来在长安出土了一只唐三彩贯耳瓶、这个贯耳瓶的造型奇特，因为过低的双耳和外翻的瓶口，都使它不便于"贯耳"。从这个角度来说，这个贯耳瓶可能只是用来观赏的艺术品，不太像投壶游戏中的实用器皿。

同在长安还出土了一只唐代灰青釉大贯耳瓶，此瓶高0.36米，口径0.097米，耳径0.058米，这显然是投壶游戏的实用器皿。所以，这肯定是唐代投壶用的瓷质贯耳瓶，可能实用的唐代投壶瓷器只有写意牡丹纹大贯耳瓶和灰青釉大贯耳瓶这两个了，因此它们显得特别珍贵。

晚唐至五代邛窑的绿釉贯耳瓶，高度已降为0.20米，它的两耳已无法"贯耳"了。所以说，至晚唐五代时期，至少是一部分瓷质贯耳瓶已经变为桌上的陈设器了，它们只供赏玩，再没有实用价值了。

不过，还有人还曾发掘出一件宋代广元窑黑釉贯耳瓶残件，它的出现，进一步说明投壶到了宋代，一部分瓷质贯耳瓶与投壶已经产生了分离，成了单纯的摆设物。

但是根据文献记载，宋代的投壶活动仍然没有停止，宋代著名文学家苏轼、陆游等仍留下了有关投壶的诗词，甚至比唐代的诗人留下的投壶诗词还要多。

在宋代，以司马光为代表的儒士们从礼的立场出发，他们过于强调了投壶的治心、修身、为国和观人的作用，却抑制了投壶的平民化和竞技娱乐化趋势。

他们甚至还修订了宋代《投壶新格》中的一些规则，这使投壶活动又局限到上流社会中去了。

尽管如此，新的规则还是列出了"有初""连中""贯耳""散箭""骁箭"等技法，也记载了许多古代投壶资料。投壶直至明代据说还有140多种投法，至清代仍在宫中大为流行，只是到了晚清以后就渐渐没有了。

但不管这1000多年来，投壶是

兴盛还是衰落，由投壶创生的贯耳瓶却一直受到皇族显贵们的珍爱，因为它比其他的瓷瓶具有更加丰富的文化内涵和象征意义。

南宋时期，官窑、龙泉窑等都烧制过贯耳瓶，多为一二十厘米高。一些南宋时期较大的青釉贯耳瓶，一般高度都为0.31米左右，两瓶耳孔内径都不到0.02米，看来是无法用于投壶"贯耳"了。

然而，明清时期景德镇官窑烧制的贯耳瓶，就是纯粹的艺术品了。不过因为投壶的悠久历史和深厚文化底蕴，使这些纯粹的艺术品贯耳瓶仍然是后世的稀世之宝。

后来，清代文学家端方在他所著的《陶斋吉金录》中记载，有一个鹿形投壶，是一个似马形状又带双角的鹿。它背上负有一个圆筒形的投壶，有双贯耳，鞍的两旁有一个小圆筒。高二尺六寸三分，长一尺八寸，从形制和纹饰看，这应该是一件宋元时期器物。

而司马光的《投壶新格》中画的投壶也是双贯耳的。

后来，在北京中山公园，也就是社稷坛的东区，还有一座投壶亭，而且还保存了6只古代铜质投壶。这是一个十字形的敞亭，曾经进行过重建，这也是投壶文化的凝固和历史的见证。

除了在考古中发现的投壶实物外，还有一些唐宋时期的绘画，也表现了唐宋时期人们对投壶的喜爱。在考古发现或传世的古画中，经常可以看到有关投壶的作品，五代时期著名画家周文矩的《重屏会棋图》就生动形象地再现了投壶的历史面貌。

《重屏会棋图》是五代南唐时期的画家周文矩所画。其绢本设色，上面画4个人对坐下棋投壶，4人身后所置的屏风上画有山水人物，并有一个小屏风位于大屏风的中间，因此称"重屏会棋图"。

据考证，这是一幅珍贵的历史人物肖像画，居中正面的人正是南唐中主李璟。这幅画形象地再现了我国古代投壶的礼俗。

明宣宗朱瞻基便是投壶的高手，由于他的技术超强，后来被一些较有名气的画家看中，在明画《明宣宗行乐图》中，便留下了朱瞻基投壶的情景。

而我国名著《金瓶梅》里的西门庆也擅长投壶，他经常和潘金莲一起玩这个游戏，据考证，西门庆这一文学形象，影射的人物便是明武宗朱厚照。

可见在明代，投壶不仅为那些在皇城宫廷里的宫女、嫔妃们带来了乐趣，后来这个游戏还被男人们引入闺阁，鼓励女子们玩耍，也为她们带来了无穷的乐趣。

唐时的投壶更为兴旺，就连周边国家也受到了感染。史书《唐书》中记载说："高丽人追慕大唐，他们也非常喜欢弈棋、投壶和蹴鞠。"

唐代大臣卢藏用博学通才，工于文章，同时他也是一位投壶的国手。他投

壶的技术非常高超，能够从背后执矢投壶，就像"龙跃隼飞"一样，百发百中。

唐代文学家上官仪还写有《投壶经》，这卷书在唐代广为流行。《投壶经》确定了投壶的规则和格局。甚至《投壶经》一直盛行到了宋代，后来才逐渐遗失了。

在五代时期，前蜀王宫里住着许多美丽的女人，她们是皇帝的嫔妃。然而，后宫佳丽众多，能够被皇帝宠幸的嫔妃只是少数，多数女子虽然衣食无忧，但她们百无聊赖，宫中的光阴实在是难熬得很。

好在皇帝王衍喜欢游乐，他也喜欢跟大家一起游乐。

于是，嫔妃和宫女们便在宫苑内有了许多玩耍的游戏，而投壶游戏就是其中不可少的一种。

就连皇太后花蕊夫人也对投壶饶有兴趣，她把这些后宫的投壶游戏写入了她的宫词之中，题名就是《投壶》，内容是这样的：

樗蒱冷淡学投壶，箭倚腰身约画图。

尽对君王称妙手，一人来射一人输。

分朋闲坐赌樱桃，收却投壶玉腕劳。

各把沉香双陆子，局中斗累阿谁高。

这首宫词讲的就是宫中玩投壶的事儿，嫔妃们厌倦了樗蒱游戏，于是便改学投壶。虽然她们是刚刚学会，却也是箭袋系腰，英姿飒爽，像模像样。

她们在皇帝的面前个个自称高手，哪知动起真格来，却无一人能够获胜。有时，她们还要加上一点赌注，比如樱桃什么的，看谁的技艺高，运气好。

关于宫廷投壶游戏，还有许多诗歌中曾经提到过。唐代诗仙李白，就曾经写过描写宫女投壶的诗歌，诗中这样写道：

帝前投壶多玉女，三峙三笑开电光。

我国唐代还有一首流传很广的投壶古歌，宫女们闲暇时会即兴吟唱，歌词是这样的：

上金殿，著玉尊，延

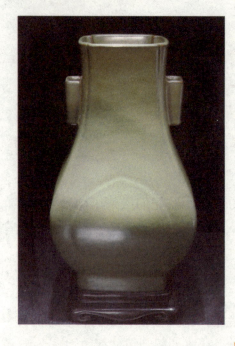

贵客，入金门，入金门，上金堂，东厨具肴膳，椎牛烹猪羊，主人前进酒，琴瑟为清商，投壶对弹棋，博弈并复行。

宋代著名诗人钱惟演就有一首诗是描写闺中投壶之事的，诗写道：

香歇环沉无限猜，春阴浓淡画帘开。

有时盘马看犹懒，尽日投壶笑未回。

与唐代喜欢马球、宋代崇尚蹴鞠相比，明代不少皇帝在体育方面并没有太多的特长，总体来说很不明显，但玩投壶却是他们的一大喜好。

投壶几经演变，流传了2000多年，很多时期都极为兴盛，在士大夫和民间，到处玩投壶玩得热火朝天。

投壶虽然从最初的礼仪演变成娱乐游戏，但它始终伴随着一整套烦琐的礼节，没有完全割断同春秋礼仪的联系。这样，就使投壶的流传范围变得狭窄了，只限于士大夫阶层。

宋元时期，投壶仍在士大夫中盛行。投壶这样一种暗含政治礼仪的活动，竟然开始演化成了纯粹娱乐的百姓之戏，这使一些正宗儒士们大为不满。至北宋时期，司马光就站出来反对了。

　　宋代大儒司马光认为投壶有悖于古礼，太过于娱乐化了，他颇为不满。司马光便尝试从保守者的角度出发，他希望对旧礼重新恢复，显此还专门撰写了《投壶新格》。

　　他板起面孔，在著书时将投壶游戏中的许多游戏成分都删除掉了。他还说：

　　　投壶可以治心，可以修身，可以为国，可以观人。何以言之？投壶者不使之过，亦不使之不及，所以为中也。不使之偏波流散，所以为正也。中正，道之根底也。

　　宋神宗熙宁五年，司马光对投壶游戏进行更定后，写成了《投壶新格》。他还对投壶的名称和计分规则，以礼法的限制等，都做了修改。

　　在投壶方式上，司马光确定第一箭入壶者为"有初"；第二箭连中的叫"连中"；投入壶耳者叫"贯耳"；第一箭不入壶；第二箭起投入者叫"散箭"；箭箭都中者叫全壶；一箭也不中者叫"有终"；投入壶中之箭反弹出来，接着又投入中者叫"骁箭"等。

　　司马光极力想让投壶重新回到礼治的轨道上来，他要通过投壶来达到治心、修身、为国和观人的目的，这使投壶游戏又蒙上了意趣索然的礼教之气。

　　司马光的意见，使投壶染上了政治色

彩。司马光的这种改造，让投壶游戏的娱乐功能大大降低，也影响了它的普及性。

投壶这项活动，隋唐开始向技艺多样化方面发展，娱乐性大大增强了。

《投壶新格》中反映了1072年以前投壶多样化的内容。但司马光更新定格，对投法加以限制，实际阻碍了这项活动向技艺多样化、复杂化发展，某种程度也影响了它的娱乐性。

这对于以娱乐为主的百姓来说，是难以接受的。不过，有些人并不理会这些卫道士们的保守思想，仍然把投壶当成一种游戏来玩。

后来南宋时期文学家周密的《武林旧事·西湖游赏》中就这样记载："人们在西湖边，玩泥丸、鼓板、投壶、花弹、蹴鞠等各种游戏"。可见在南宋时期，人们对于投壶游戏的娱乐功能已经非常喜爱了。

投壶这个饮酒中的游戏，沿用2000余年仍然不衰，至明代还颇为兴盛，就连明神宗万历帝都倾心于此，他将这件金箭壶放置在他的贴身处，可见投壶的魅力非常巨大。

据说明代，有个名叫苏乐壶的人，因为投壶技术高超，被人称为"投壶一绝"。明代文学家沈榜在他所著的《宛署杂记》中，详细记录了苏乐投壶的绝技，称他不仅能背身投壶，还能用3支箭同时向3个壶投射，而且从来没有失手过，可见苏乐的神技有多厉害。

当时的许多文学作品中也有大量有关于投壶游戏的记载，通过它们能够反映当时投壶游戏的情况，这些都表明了投壶游戏在当时的娱乐功能。

清代著名文学家李汝珍在他所著的《镜花缘》第七十四回中这样写道：

紫芝也随后跟来，走到桂花厅。只见林婉如、邹婉春、米兰芬、闵兰荪等8个人在那里投壶。

林婉如道："俺们才投几个式子，都觉费事，莫若还把前日在公主那边投的几个旧套子再投一回，岂不省事。"

众人都道："如此甚好，就从姐姐先起。"

婉如道："俺说个容易的，好活活准头，就是朝天一炷香罢。"

众人挨次投过，也有投上的，也有投不上的。

邹婉春道："我是苏秦背剑。"

米兰芬道："我是姜太公钓鱼。"

闵兰荪道："我是张果老倒骑驴。"

吕瑞其道："我是乌龙摆尾。"

柳瑞春道："我是鹞子翻身。"

魏紫樱道："我是流星赶月。"

卞紫云道："我是富贵不断头。"

众人都照着式子投了。

　　紫芝走来，两手撮了一捆箭，朝壶中一投道："我是乱劈柴。"逗得众人好笑。

还有清代著名文学家曾朴的《孽海花》第二十回，这样写道：

　　成伯怡在云卧园大集诸名士，替李纯客做寿。李纯客与小燕等到了园中：说话未了，忽然微风中吹来一阵笑语声。

　　一个说："我投了个双骁，比你的贯耳高得多哩！"

　　一个道："让我再投个双贯耳你看。"

　　小燕道："咦，谁在那里投壶？"

　　筱亭道："除了剑云，谁高兴干那个！"

　　扈桥就飞步抢上去道："我倒没玩过这个，且去看来。"

　　纯客自给蓂云一路谈心，也跟下亭子来。一下亭，只见一条曲折长廊，东西蜿蜒，一眼望不见底儿。廊底下，果然见姜剑云卷起双袖，叉着手半靠在栏杆上，看着一个十五六岁的活泼少年，手执一枝竹箭，离着个有耳的铜瓶五步地，直躬敛容地立着，正要投哩！

　　恰好扈桥喘吁吁地跑来喊道："好呀，你们做这样雅戏，也不叫我玩玩！"说着，就在那少年手里夺了竹箭，顺手一掷，早抛出五六丈之外。

　　此时纯客及众人已进来，见了哄然大笑。纯客道："蠢儿！这个把戏，哪里是粗心浮气弄得来的！"

通过这些文学作品中的描写，可以看出，当时玩投壶游戏的都是一些有闲阶级，而且一般都是女性玩耍的多，这已经显示出投壶游戏的衰败迹象。

其实，明代之后，投壶并未拘泥旧法，而是随着社会发展日益繁盛，进入新的发展阶段。明代也有不少投壶著述。

在明代，投壶运动在有闲阶级中仍是相当有市场，甚至还发展出了众多的花样。

明代学问家谢肇制有文章记载说："当时的投壶游戏的种类名称最多，有春睡、听琴、倒插、卷帘、雁衔、芦翻、蝴蝶等项，不下30余种。"

从这些花哨的名目中可以得知，当时投壶除了要求准以外，还很注重投时的姿势和箭矢入壶的形态，这无疑越来越有难度了，也更适合男女在家里玩了。

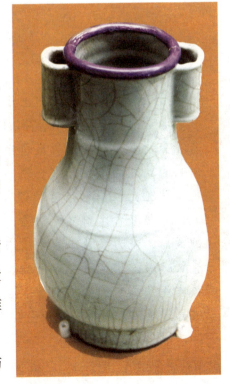

至清代，投壶日趋衰落。不过，清代末年宫中还在流行玩投壶。

明清两代，投壶在有闲阶级中仍很有市场，只是清代末期以后，开始走向衰落，最后逐渐消失了。

然而，投壶从春秋时代的射礼衍生而来，有着教化的作用。又因为投壶简化了射礼，大大降低了习射难度，还可以在宴饮时进行。

由于投壶在唐代盛行起来，参与

者越来越多，所以它的娱乐性便凸现出来了。

投壶将"教"与"乐"融为一体，是对唐代"寓教于乐"教育思想的极好诠释。它成为儒士生活的组成部分，是人们竞相追逐的社会时尚。

投壶在其发展的2000多年的历史中，形成了完整的投壶礼，而投壶技艺也被纳入庙堂礼乐之中。它"寓教于乐"的特性使它绵延2000年之久，也正是由于它寓教于乐功能的丧失，使得它日渐衰落，最终才销声匿迹了。

知识点滴

后来，在北京定陵出土了一个明代酒具金箭壶，这是一个非常名贵的投壶。这个壶高0.122米，口径0.02米，圈足径0.049米。金箭壶是明代万历皇帝棺内随葬的一件饮酒时使用的博彩用具。此壶的形状是细长颈，筒形，两侧附贯耳，扁圆腹，圈足，腹刻龙凤戏珠，壶颈部和贯耳处都刻有云纹图案。据记载，万历皇帝生前喜爱饮酒，所以他死后随葬品中有不少精妙的酒器，绝大多数珍藏在棺内贴身处。其实，壶中所插的金箭长0.14米，与定陵中出土的长0.26米的两双金箸相比短得多，根本无法用它们夹住食物，因此它并非金箸。这件金壶也并非"匙箸瓶"，而是一种投壶饮酒时使用的博彩箭壶。

击壤运动

壤是我国一项古老的投掷游艺，它反映出了古人恬静闲适的生活画面。

"壤"是用木制成的，前宽后窄，形状就像鞋子一样，长0.3米，宽约10厘米。它的玩法是放置一个"壤"在地上，然后玩家后退三四十步，然后用手中的"壤"去击打地上的"壤"，如果击中了就可以获得胜利了。

击壤游戏的出现，表达出了我国古人对万担归仓和感谢社稷获得丰收的喜悦，并寄托着来年希望丰收的愿望。

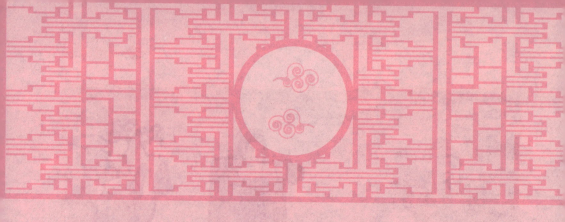

舜田间击壤而被尧帝发现

那是我国上古时期，五帝之一的尧帝已经70多岁了，他认为自己儿子丹朱很不成器，不足以担当起管理天下的责任，于是他便决定从

民间选用贤良之才继承帝位。

在一次诸侯聚会中，尧问四方诸侯首领说："谁能担负起天子的重任呢？"

四方诸侯首领说："历山民间有个单身汉，叫虞舜，听说他很有本事，应该可以担负起天子的重担啊！"

于是，尧打听到了舜是在田间耕地的一个农夫，他便微服私访，独自来到历山一带。

尧到了历山田间，突然他看到很多人围在一起，中间有一个青年身材很是魁梧，正聚精会神在玩一种叫击壤的投掷游戏，这个青年站在远处，用小石头去击打前面放置的木块。这个青年击壤的技术非常高超，他竟然每次都能用石头打到木块。

青年周围的人在一旁大声叫好，其中有个人就喊道："舜啊！你这么厉害，一定是我们大王尧帝的仁德在保佑你呀！"

百姓们纷纷点头称是，不断附和那个人。尧这才知道那个青年就是舜，他想："他击他的壤，关我什么事呢？再说我哪里有什么仁德能去保佑别人呢？"

这时，舜哈哈大笑了起来，他突然唱了一首歌，在歌中唱道：

太阳出来喽，我出来劳作！
太阳落山喽，我回去休息！
我若是渴了，就自己去打水！
我若是饿了，就自己去耕田！
尧帝他确实有仁德，可是和我有多大关系呀！

尧听了这话，他觉得舜的生活非常恬静舒适，也对舜产生了好感。后来，围观的人们都走了，舜也收拾好击壤的用具，回到田间去

耕田了。尧想继续考察一下他，便跟了上去。

尧走上前，来到田间，正好看见舜在全神贯注地耕田，舜的犁前驾着一头黑牛和一头黄牛。奇怪的是，舜从不用鞭打这两头牛，而是在犁辕上挂一个簸箕。每隔一会儿，舜就敲一下簸箕，吆喝一声。

尧很奇怪，他等舜犁到了地头，便问他道："耕夫都用鞭打牛，你为何只敲簸箕不打牛呢？"

舜见一旁有老人在发问，他很有礼貌，便拱手作揖答道："牛为人们耕田，它们出力流汗很是辛苦，如果

我再用鞭子来打它们，我于心何忍呢！我打簸箕，黑牛以为我在打黄牛，黄牛以为我在打黑牛，它们便都卖力拉犁了。这样一来，我不仅没有打到牛，还能鞭策它们卖力耕田，这不是更好吗？"

尧一听，他觉得舜非常有智慧，又有善心，他对牛尚且如此，如果对百姓那就应该更有爱心了。于是，尧与舜在田间扯起话题，他们谈了一些治理天下的问题。

尧发现，舜的观点都很有见识。等他们聊完后，尧又走访了方圆10多千米，发现当地的人都夸舜是一个贤良之才。

于是，尧便决定将两个女儿都嫁给舜，让两个女儿观察舜的德行。后来，尧发现舜的头脑清醒，方向明确，是一个有仁德的人。

尧便放心了，他先让舜在朝中做虞官，又试舜3年后，便让舜在文庙拜了先祖，让舜正式替代行天子之政了。

其实，击壤是我国一项古老的投掷游艺，它反映出了古人恬静闲适的生活画面。

"壤"是用木制成的，前宽后窄，形状就像鞋子一样，长0.3米，宽约10厘米，它的玩法是放置一个"壤"在地上，然后玩家后退三四十步，然后用手中的"壤"去击打地上的"壤"，如果击中了就获得胜利了。

这项游戏因为器具简易，又能激发人们的兴趣，因此，它长期在民间流传，并演变出多种形式。其中，人们较为熟悉的是一种"抛墡"的游戏，也称"飞墡"，"墡"其实就是古代的砖瓦，也就是打瓦的一种游戏，它只是以砖瓦替代了壤木，本质上却是一模一样的。

有人认为，击壤最初是从事农作的古人借以谢土报社的俗信活动，这里面蕴含着游戏的核心是对土地神的膜拜。正如古代诗歌总集《诗经·小雅·甫田》中关于"琴瑟击鼓，以御田祖，以祈甘雨，以介我稷黍，以谷我士女"的描写一样。

由于击壤这种俗信活动所具有的欢乐气氛，从而决定了它由娱神向娱人的方向发生转化，最终形成了一种季节性的游戏，并在传习过程中逐渐淡化成俗信的成分了。但是作为历史的遗存，它仍然潜含着早期的文化信息。

以早期击壤之戏的变种游戏"打梭"为例，游戏者以"斗一""斗二"至"斗三"的计数判定胜负，这种斗量计数方式，表达了万担归仓和感谢社稷获得丰收的喜悦，并寄托着来年希望丰收的愿望。

知识点滴

还有人推测击壤游戏的源头可能是一种生产巫术，或是一种预测秋收的占卜形式，但这些都不具备有力的论据。

击壤如果从传说中的"尧"算起，至少有4000年的历史了。其实，击壤的产生大约与狩猎有关。在远古时代，人类用木棒击打野兽。

后来，这种狩猎工具得到了改进，人们自从有了弹弓和弓箭，也就不再依靠用木棒掷击野兽了，于是便演变成为了后来的击壤游戏。

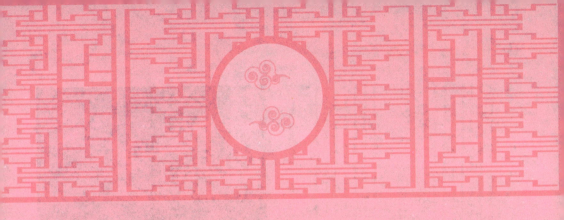

击壤的历代发展与演变

随着击壤活动的减少，后来逐渐失传了，大约是由于它太单调的缘故吧！

不过，击壤后来发展成为了击砖游戏，人们用砖代替了壤，比赛的规则也较完善，在儿童的游戏中延续了下来。

宋代时流行于寒食节、清明节前后孩童玩的"打瓦"和"打板"等游戏，其实就是用瓦块或者石头玩的击壤游戏。

宋代诗人张侃在《代吴儿作小至后九九诗八解》诗中提到了抛堵的游戏，诗写道：

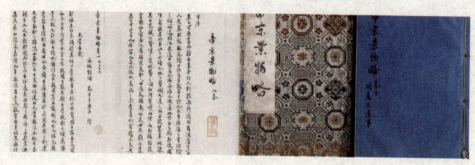

五五三三抛堶忙，柳丝深处映陂塘。

这说明了，在宋代有一种类似抛堶的游戏。还有"飞石"游戏，据古书记载，飞石的玩法是：

> 以砖两枚长7寸，相去30步为标。各以砖一枚，方圆一尺掷之。主人持筹随多少。甲先掷破则得筹，乙后破则夺先破者。

很明显，这是一种带有赌博性的"飞石"比赛，也类似于击壤。

其实也有人认为，击壤与投壶有相似之处，它本是士大夫们的一种休闲习艺的方式，因为具有较强的娱乐性，才逐渐流向民间的。

后来在这个过程中，它改变了活动的形式，而在我国古代，也称善于击壤的人为"壤父"。

明代著名学者刘侗在他所著的《帝京景物略》中记载：

> 二月初二龙抬头，小儿以木两寸，制如枣核，置地而棒之，一击令起，随一击令远，以近为负，曰打柭，古所称击壤者耶！

　　这说明刘侗小时候玩过的这个游戏有可能就是"击壤"。只是名称上被称作"打柭"，这一点有所不同而已，这也许是时代创新的缘故，使击壤变得更有趣味性和富有竞技性了。

　　文中的"打"便是从击壤中发展而来的，它在明代各地的儿童游戏中较为流行，只是这种儿童游戏难登大雅之堂，史籍也把它忽视了，因此没有多少记载。

　　击壤的原始形态也一样长流不竭。清代著名学者周亮工在他所著的《书影》中记载："秣陵有杨柳黄，击棒壤的歌谣。"

　　秣陵其实就是"金陵"，也就是后来的南京，可见在清代时期，击壤在南京地区非常流行。

　　那时候用于投掷的壤木则由鞋形木头变为了圆形的棍棒状。后来，在上海还有一种叫作"笃棚门板"游戏，"笃"是沪音，意思就是"投掷"，该游戏也是从"击壤"游戏演变而来，只是鞋子形状的壤棍变成了类似盒子形状的木块了。

　　明清时期，击壤之戏被称为"打瓦"。此外，还有一种叫"打板"的游戏，也是击壤的一个变

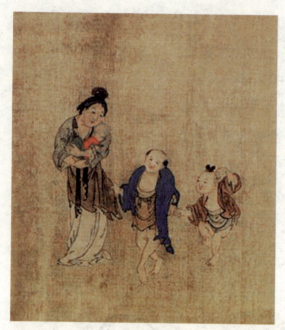

种。古代地方志《顺天府志》中记载：

> 小儿以木两寸，制如枣核，置地棒之。一击令起，随一击令远，以近为负，曰打板。板古所称击壤者也。

这便说明了"打板"与我国古代满族风俗中的"打栲"的玩法是一样的。其实，类似击壤的儿童投掷游戏还有很多，这些都是击壤游戏的变种，它们逐渐流向民间，并改变了活动形式。

还有人认为，击壤活动起源于原始社会的生活实践。在上古时期，先人们还没有发明弓箭以前，人们都是靠投击石块来捕捉飞奔的禽兽，他们为了提高投掷的命中率，自然需要经常进行投掷的动作训练。

所以也就诞生了古老的击壤游戏。因此，击壤很可能是从这种远古的谋生手段中蜕变而来的，甚至后人每次将"击壤"与"打瓦"并称，以至于都可以混为一谈，这也说明了两种游戏都是上古时期投掷产生的一种折射。